KB215149

흔히 신학의 재료로 성서, 전통, 이성, 경험을 언급한다. 조직신학 책이라면 이 네 가지 재료를 모두 사용하겠지만, 각각의 자료를 깊이 이해하며 이 모두를 균형 있게 다루는 작품은 의외로 찾아보기 힘들다. 특히 입문서 성격을 가진 신학책의 경우 한두 재료에 집중하다 보니 논의가 가벼워지며 기독교 신앙의 깊이를 제대로 보여주지 못해 아쉬움을 남기곤 했다. 그런 의미에서 『성경의 키워드로 풀어가는 신학세계』는 기존의 조직신학 작품, 특히 입문서와는 크게 차별화된다. 이 책은 기독교 신앙을 구성하고 이해하는 데 뼈대가 될 중요 개념들을 선별한 후, 이들이 신학의 여러 재료에서 어떻게 구현되고 발전하고 있는지를 살펴준다. 촘촘한 설명 속에서도 논의의 바탕이 되는 신학적 배경을 시원하게 펼쳐 보여주고, 각 개념의 심층적 의미를 탐구하면서도 그 현대적 의의를 밝히며, 입문자에게 눈높이를 맞추는 듯하면서도 전공자라도 감탄할 만한 통찰을 던져준다. 분량이 얼마 되지 않은 책이 이토록 다차원적 매력을 지닐 수 있는 것은 저자가 성서 원어에 대한 단단한 지식이 있고, 교회 전통에 깊이 헌신하며, 다양한 신학적 담론과 철학적 사조에 해박하고, 현대적 상황에 애정 어리면서도 비판적인 주의를 기울이고 있기 때문일 것이다. 바쁜 일상이지만 시간을 비워 정독하고 싶고, 잘 보이는 곳에 두고 수시로 참고하며, 주변 사람에게 기쁜 마음으로 추천하고 싶은 조직신학 책이 나온 것을 크게 환영한다.

김진혁 횃불트리니티신학대학원대학교 조직신학 부교수

원래 "신학"은 성부·성자·성령님을 말하는 삼위일체론이다. 그런데 언제부터인가 삼위 하나님을 분리하여 말하는 신학의 위기가 곳곳에서 나타났다. 이런 위기를 진작부터 알아차리고 신학을 진정으로 추구하려는 신학자인 저자는 성경과 신학, 삼위 하나님과 우리의 삶의 분리를 주시하고 그 극복을 시도한다. 본서는 기획에서 참신하며, 결과에서 풍성한 작품이다. 저자는 삼위 하나님께서 "태초"부터 "종말"까지 인간과 만물과 역사에 관여하시는 만유의 주인이심을 여러 키워드를 살피면서 잘 보여준다. 전통적인 조직신학의 순서를 따르지 않으면서도 성경에서 취한 키워드로 성경 원어에 생소한 독자들을 친절하게 성경 속으로 인도하면서 각 키워드가 주제가 아니라 삼위 하나님이 주체이심을 보임으로써 삼위 하나님과의 진정한 교제로 인도하고 삼위 하나님 "다운" 삶을 살도록 격려하는 깔끔하고 야무진 수작이다.

유해무 고려신학대학원 은퇴 교수

조직신학은 일반 신앙인들에게 매우 딱딱하고 어렵게 느껴진다. 성경 말씀은 달고 오묘한데 조직신학은 이해하기 어렵고 머리가 아프기도 하다. 조직신학의 내용은 심오해 보이는데 그리스도인의 삶에는 어떤 의미가 있는지 분명해 보이지 않는다. 그런데 이 책은 조직신학에 대한 이러한 편견을 깨는 책이다. 성경 전체를 관통하는 주요 주제들(loci)을 중심으로 삼위일체 하나님이 그분 자신을 알려주시는 계시인 성경을 우리에게 드러내고자 하는 책이다. 그렇게 함으로써 성경 전체를 통해 우리에게 다가오시는 삼위일체 하나님을 알고 예배하는 삶으로 나아가게 하는 책이다. 새로운 신학 이론을 제시하기보다 성경적 조직신학을 알기 쉽게 풀어 설명한다는 점에 그리스도인들에게 반갑고 필요한 책이다.

이경직 백석대학교 조직신학 교수

이 책은 삼위일체 신학의 권위자 백충현 교수의 신학 대중서다. 대중서라고 했을 때 보통의 책들은 지나치게 이야기 중심으로 풀어가거나, 중요하지만 난해한 개념을 다루지 않고 넘어가는 경우들이 많은데, 백충현 교수의 이 저서는 조직신학의 중요한 주제와 의미들을 이해하기 쉽게 실어 나르고 있다. 나아가 이 책은 각 주제가 지닌 성경적 토대들을 면밀히 살펴봄으로써 신학을 교회의 삶과 동떨어진 사변으로 오해하고 있는 이들까지도 신학에 관심을 가질 수 있게 한다. 오늘날 한국 교회가 직면하고 있는 문제들 대다수는 기독교의 역사와 전통, 그것에 대한 반성적 사유로서의 신학을 교회에서 가르치지 않고, 배우지 않기 때문이다. 이러한 상황에서 백충현 교수의 책은 한국 교회를 새롭게 하는 발판을 마련하는 데 이바지할 것이다. 교회에 몸담고 있는 모든 이들에게 일독을 권한다.

정대경 연세대학교 연합신학대학원 부교수

성경의 키워드로 풀어가는 신학세계

삼위일체 조직신학 개요

성경의 키워드로 풀어가는 신학세계

삼위일체
조직신학
개요

백충현

새물결플러스

목차

머리말 *11*

I. 태초(아르케) 우주 만물의 시작 및 원리   *17*

  1. 태초(아르케)   *19*
  2. 창조의 시작과 원리   *21*
  3. 창조의 과정과 결과   *23*
  4. 삼위일체 하나님의 창조(creatio Trinitatis)   *26*
  5. 우주 만물, 피조물, 자연, 창조세계   *30*
  6. 창조와 관련된 성경적 신론   *35*

II. 하나님의 형상(이마고 데이) 관계 안에서 공동체로 사는 교제의 삶   *39*

  1. 하나님의 형상(이마고 데이)   *41*
  2. 삼위일체 하나님의 형상(imago Trinitatis)   *43*
  3. 아우구스티누스의 심리학적 유비   *46*
  4. 피조물로서 인간의 한계   *49*
  5. 하나님의 형상이신 예수 그리스도   *51*

III. 경륜(오이코노미아) 우주 만물을 이끌어가는 비전   *57*

  1. 경륜(오이코노미아)   *59*
  2. 삼위일체 하나님의 경륜(oekonomia Trinitatis)   *61*
  3. 경륜의 목적과 비전   *63*
  4. 경륜의 방식으로서의 성육신   *65*
  5. 경륜에의 참여   *69*

IV. 고난(파토스) 아픔을 겪으시고 함께 느끼시며 위로하심   *73*

    1. 고난(파토스)   *75*
    2. 예수 그리스도의 고난   *76*
    3. 삼위일체 하나님의 고난(passio Trinitatis)   *84*
    4. 삼위일체 하나님의 사랑에 대한 확신   *90*

V. 신비(뮈스테리온) 예수 그리스도와의 만남, 변화, 연합, 교제   *93*

    1. 신비(뮈스테리온)   *95*
    2. 계시의 신비인 예수 그리스도와의 만남과 변화   *98*
    3. 삼위일체 하나님의 성례의 신비를 통한 연합과 교제   *108*

VI. 영성(프뉴마티) 성령 하나님을 따라 걷고 사는 삶   *117*

    1. 영성(프뉴마티)   *119*
    2. 삼위일체이신 성령 하나님   *121*
    3. 신령한 영적 존재로서의 인간   *125*
    4. 성령 하나님과 함께하는 영성의 삶   *126*

VII. 교회(에클레시아) 하나님의 부르심을 받은 사람들의 모임   *133*

    1. 교회(에클레시아)   *135*
    2. 교회의 기초 – 하나님의 부르심과 신앙고백   *137*
    3. 교회의 초점 – 성도 및 하나님의 백성   *139*
    4. 삼위일체 하나님의 교제에의 참여   *143*
    5. 우주 만물을 위한 공교회성(公敎會性)과 공공성(公共性)   *147*

VIII. 선교(미시오) 하나님의 보내심을 받은 사람들의 삶   153

   1. 선교(미시오)   155
   2. 삼위일체 하나님의 선교(missio Trinitatis)   156
   3. 선교적 존재로서의 삶   159

IX. 종말(에스카톤) 우주 만물의 끝과 목적   163

   1. 종말(에스카톤)   165
   2. 우주 만물 전체의 삼위일체 하나님   166
   3. 끝과 목적으로서의 종말   170
   4. 인간의 죽음에 대한 성경적 이해   173
   5. 참된 종말론적 삶   177

머리말

이 책은 신앙과 신학의 기초를 세우고자 하는 이들에게 도움이 될 수 있도록 쓰였다. 기존의 조직신학(systematic theology) 책들이 많은 이들에게 난해하고 복잡하다고 여겨지는데 이 책은 그러한 어려움을 조금이라도 해소하고자 한다. 그래서 이 책은 이전 저작들처럼 조직신학의 신학적 주제들(theological *loci*)을 다루되 이전과는 달리 조금 더 쉽고 편안하게 느껴지는 접근법을 시도한다.

무엇보다 이 책은 성경(Bible)의 키워드로 신학세계를 풀어간다. 근대 및 현대 신학에서 성경과 신학이 분리되는 현상이 많았는데 이 책은 성경과 신학 사이의 밀접한 관계를 탐구하고자 한다. 한편으로 근대 및 현대 신학에서 신학과 삶이 괴리되는 현상이 많았는데 이 책은 신학과 삶을 긴밀하게 연결하고자 한다.

이를 위하여 이 책은 성경 전체를 아우르는 키워드들을 선별하여 이를 바탕으로 성경에 토대를 둔 조직신학을 전개하기 위한 기초를 다질 것이다. 본 개요에서 살펴볼 키워드는 "태초"(아르케), "하나님의 형상"(이마고 데이), "경륜"(오이코노미아), "고난"(파토스), "신비"(뮈스테리온), "영성"(프뉴마티), "교회"(에클레시아), "선교"(미시오), "종말"(에스카톤), 이렇게 아홉 가지다. 각 키워드의 문자적, 문맥적, 역사적 의미를 정리하고, 또한 필요하다면 이와 관련된 성경 안의 이야기들을 함께 분석한다.

그런 다음에 성경의 각 키워드가 기존 조직신학이 다루던 신학적 주제(theological *locus*)의 내용과 관련하여 오늘날 현실과 삶에 더 적실하게 다루어질 필요가 있는 내용을 전개한다. 특히, 20세기 중·후반 이후로 오늘날 부흥하고 있는 삼위일체신학(a trinitarian theology)의 관점에서 논의를 전개하고 그 내용을 반영하도록 할 것이다.

그런데 이 책은 기존 조직신학이 다루는 신학적 주제들의 체계를 염두에 두지만 그대로 따르기보다는 오늘날의 시대와 상황에 맞게 새로운 변화를 추구하고자 한다. 다만 이 책의 일차적인 목적은 신앙과 신학의 기초를 세우는 데 도움을 주는 것이기 때문에 완전히 새로운 신학을 위해 기존 체계를 본격적으로 및 전체적으로 변화시키는 일은 추후의 작업으로 남겨둘 것이다. 그 대신 이 책에서는 본격적이고 전체적인 변화를 위한 방향을 모색하고 내용을 가늠하는 것에 초점을 두어 완전히 새로운 신학의 개요(outline)를 어렴풋이 제시하는 것으로 만족하고자 한다.

이 책을 위해 여러 가지로 구상하고 본격적으로 집필하는 데 많은 시간이 걸렸다. 한편으로는 본인의 성경 원어 및 신학 지식의 넓이와 깊이의 부족함 때문에 주저하는 마음이 있었고, 다른 한편으로는 여러 아이디어를 한데 모으고 나름대로 엮고 글로 표현해내기 위해 집중적인 시간을 확보하기가 어려웠다.

그래도 지난 여러 해 동안 책들과 논문들을 통해 각 키워드에 관한 내용을 조금씩 구체화해 오고 있었다. 또한 장로회신학대학교와 여러 교회 및 기관에서 신학 수업과 강의를 진행하면서 나누었던 이야기들이 주제를 정리하는 데 많은 도움이 되었다. 특히, 성경 원어를 전문적으로 연구하는 비블리카아카데미아(Biblica Academia)에서 2022년 여름 "키워드로 보는 조직신학"이라는 하계강좌를 통해 7개의 키워드로 강의를 진행한 것이 아주 큰 도움이 되었다. 그리고 2023년 2학기에 연구학기를 맞이하여 세상의 한가운데 한적한 곳에서 연구 및 집필에 집중할 수 있어서 이 책의 원고를 쓸 수 있었다.

이 책이 빛을 볼 수 있도록 인도하여 주신 삼위일체 하나님께 감사와 찬양과 영광을 올려드리며 앞으로 이 책을 바탕으로 완전히 새로운 신학을 본격적으로 전개하고 완성할 수 있기를 기도하고 기대한다. 필자의 수업과 강연에 참석하여 이 책의 아이디어들을 함께 나누고 구체화할 수 있게 도움을 주신 모든 학생과 참가자에게 감사를 드리며, 다양한 모임에서 신학적 토론으로 함께하여 주신 교수들께 감사를 드린다.

특히 신대원 학창 시절부터 성경 원어를 계속 공부하고 연구하도록 자극하고 격려하여 주신 비블리카아카데미아의 이영근 원장, 조미경 목사, 그리고 아카데미아 강좌에서 열심히 토론하여 주신 참여자들께 진심으로 감사를 드린다. 그리고 출판계의 상황이 어려운데도 이 책의 출판을 흔쾌히 맡아주신 새물결플러스 김요한 대표를 비롯하여 실무를 담당하신 편집자 및 담당자께 진심으로 감사를 드린다.

여러 가지 측면에서 부족함이 많은 책이지만, 앞으로 계속 수정하고 보완하여 완성도를 높이도록 애쓰고자 한다. 아무쪼록 이 책을 통해 많은 분이 각자 믿음의 여정에서 신앙과 신학의 기초를 세워나가면서 더 깊은 신학세계로 들어갈 수 있기를 기대한다.

I

태초
(아르케)

우주 만물의 시작 및 원리

◇◇◇◇◇◇◇◇◇

¹**태초**에 하나님이 천지를 창조하시니라.
²땅이 혼돈하고 공허하며 흑암이 깊음 위에 있고 하나님의
영은 수면 위에 운행하시니라.
³하나님이 이르시되 "빛이 있으라" 하시니 빛이 있었고
⁴빛이 하나님이 보시기에 좋았더라(창 1:1-4).

¹**태초**에 말씀이 계시니라.
이 말씀이 하나님과 함께 계셨으니 이 말씀은 곧 하나님이시니라.
²그가 **태초**에 하나님과 함께 계셨고
³만물이 그로 말미암아 지은 바 되었으니 지은 것이 하나도
그가 없이는 된 것이 없느니라(요 1:1-3).

◇◇◇◇◇◇◇◇◇

1. 태초(아르케)

성경에서 가장 처음 나오는 말이 "태초에"이다. 구약성경 39권 중 첫 번째인 창세기 1:1에 나타난다. 그리고 신약성경 27권 중 네 번째인 요한복음 1:1에도 나타난다. "태초에"는 영어로 "인 더 비기닝"(In the beginning)이다. "처음에"라는 뜻이다. 한자로는 "태초"(太初)인데 아주 오래전 먼 옛날의 처음을 가리킨다. 이런 점에서 태초는 시간적인 처음을 의미한다.

"태초에"라는 말을 구약성경 히브리어로 보면 "베레쉬트"(בְּרֵאשִׁית, bereshit)이다. 여기서 "태초"는 "레쉬트"(רֵאשִׁית, reshit)이고 시작, 처음, 으뜸을 의미한다. 그리고 신약성경의 그리스어로 보면 "엔 아르케"(ἐν ἀρχῇ, en arche)인데, 여기서 "태초"는 "아르케"(ἀρχή, arche)이다. 여기서 그리스어 "아르케"는 주목할 필요가 있는 단어이다. 서양 철학에서 매우 중요한 의미를 지니는 용어이기 때문이다.

서양 철학은 기원전 6-7세기에 활동한 그리스 사람 탈레스(Thales)를 비롯한 자연철학자들로부터 본격적으로 시작되었다. 그 이후에 소크라테스, 플라톤, 아리스토텔레스와 같은 유명한 철학자들이 등장하였다. 자연철학자들은 우주 만물이 생겨나고 돌아가는 원리를 자연 속에서 찾고자 탐구하였다. 예를 들면, 탈레스는 우주 만물의 원리가 물이라고 주장하였다. 물이 없이는 씨앗이 트일 수 없고 생명이 성장하지 못하기 때문이었다.[1] 자연철학자들은 자신들이 발견하고자 하였던 우주 만물의 원리를 "아르케"라고 하였다. 이런 점에서 철학은 우주 만물의 원리인 아르케를 탐구하는 여정의 학문으로 시작했다고 말할 수 있다.

그렇다면 "태초에"라는 말에는 시간적인 의미뿐만 아니라 원리적인 의미가 함께 담겨 있다고 볼 수 있다.

---

1   스털링 P. 램프레히트 지음, 김태길·윤명로·최명관 옮김, 『서양철학사』(서울: 을유문화사, 1991), 21-22.

라틴어 불가타(Vulgate) 성경에서는 창세기 1:1과 요한복음 1:1 모두 "인 프린키피오"(in principio)로 번역되어 있다. 영어로 그대로 옮긴다면 "인 프린시플"(in principle)인데 "프린시플"은 원리를 의미한다.

2. 창조의 시작과 원리

이런 점에서 창세기 1:1의 "태초에 하나님이 천지를 창조하시니라"라는 구절은 하나님께서 맨 처음에 천지를 창조하셨다고 선언하는 동시에 하나님께서 천지창조의 원리시라고 선언하는 것이다. 그리고 요한복음 1:1의 "태초에 말씀이 계시니라"라는 구절은 맨 처음에 말씀이 존재하셨다고 선언할 뿐만 아니라 이 말씀이 우주 만물의 원리시라고 선언하는 것이다.

요한복음 1:2-3은 말씀이 성부 하나님과 함께 계시되 또한 말씀 자체가 하나님이시라고 말하면서 "만물이 그(말씀)로 말미암아(through) 지은 바 되었으니"라고 표현한다. 이를 창세기 1:3에서는 "하나님이 이르시되"라고 표현한다. 이는 하나님께서 "말씀"하심으로써, 즉 자신의 말씀을 통하여 우주 만물을 창조하셨음을 알려 준다.

말씀은 신약성경 그리스어로 "로고스"(λόγος, Logos)이다. 로고스는 이성, 말, 담론 등등을 의미하는데 서양 철학에서는 우주 만물의 원리를 가리킨다. 중국어 성경으로 요한복음 1:1은 "태초유도"(太初有道)인데 로고스를 도(道)라는 용어로 번역한다. 동양 철학에서 도(道)는 우주 만물의 생성과 운영의 원리를 가리킨다.[2]

요한복음 1:14의 "말씀이 육신이 되어"라는 구절은 성육신(成肉身, incarnation)을 말한다. 하나님이신 말씀이 사람이 되어 예수 그리스도로 세계에 나타나심을 의

---

2   도(道)를 바탕으로 신학을 전개한 예로는 다음과 같다. 김흡영, 『기독교 신학의 새 길, 도(道)의 신학』(서울: 동연, 2022); 김흡영, 『道의 신학 Toward a Theo-tao』(서울: 다산글방, 2000); 김흡영, 『道의 신학 II』(서울: 동연, 2012); 이세형, 『道의 신학』(서울: 한들출판사, 2002).

미한다. 하나님이신 말씀이 성육신하여 세상에서 사셨던 삶의 모든 모습을 통해 구체적으로 나타났다. 이를 통해 요한복음은 예수 그리스도가 우주 만물의 원리시라고 선언한다.

예수 그리스도께서 행하신 첫 표적은 요한복음 2장에 따르면 갈릴리 가나 혼인 잔치에서 물을 포도주로 변화시킨 것으로 아주 의미심장한 사건이다. 그리스의 자연철학자 탈레스는 물이 우주 만물의 원리라고 주장하였는데, 예수 그리스도는 이 물을 포도주로 변화시키셨다. 이를 통해 예수 그리스도는 그리스의 자연철학자들이 찾고자 하였던 아르케, 즉 우주 만물의 원리가 바로 자신임을 알려 주신다.

3. 창조의 과정과 결과

성경은 하나님께서 창조의 시작과 원리이실 뿐만 아니라 또한 창조의 과정에서 활동하고 계심을 알려 준다. 창세기 1:2은 창조의 전체 과정을 개괄적으로 기술한다. "땅이 혼돈하고 공허하며 흑암이 깊음 위에 있고 하나님의 영은 수면 위에 운행하시니라." 그리고 창세기 1:3부터 2:3까지는 창조의 과정을 순서대로 대략적으로 기술한다. 또한 창세기 2:4부터 25절까지는 우주 만물 중 인간의 창조에 대해 세밀하게 기술한다.

여기서 하나님의 영은 히브리어로 "루아흐 엘로힘"(רוּחַ אֱלֹהִים, ruah elohim)인데 성령을 가리킨다. "루아흐"는 숨, 바람, 영을 의미한다. 성경에서 성령은 하나님의 영이며 예수 그리스도의 영으로서 또한 하나님이시다. 그러기에 하나님께서 천지를 창조하실 때 성령 하나님도 함께 참여하고 활동하신다. 특히 성령 하나님은 창조시에 혼돈과 공허와 흑암의 상태에서 수면 위에 운행하심으로써 창조의 과정이 순조롭게 진행되고 온전히 이루어지도록 하신다. 이런 점에서 성령 하나님은 창조의 과정에서 역사하시는 창조의 효력이시다.

하나님께서 창조의 시작이시며 원리이시고 또한 효

력이시므로 그 결과는 좋고 선하고 아름답다. 그래서 성경은 창세기 1장에서는 창조의 과정을 말하면서 "하나님이 보시기에 좋았더라"라는 구절을 일곱 번이나 반복한다(창 1:4, 10, 12, 18, 21, 25, 31). 특히, 마지막 31절에서는 "심히 좋았더라"(very good)라고 강조하여 표현한다. "하나님이 지으신 그 모든 것을 보시니 보시기에 심히 좋았더라. 저녁이 되고 아침이 되니 이는 여섯째 날이니라"(창 1:31).

하나님께서 창조하신 것이기에 좋고 선하다. 또한 심미적으로 아름답다. 그래서 선한 창조(good creation)라고 할 수 있다. 악한 창조가 결코 아니다. 좋으신 하나님께서 창조하셨으므로 선한 창조다. 그러나 여기서 좋음과 선함과 아름다움이라고 하는 것은 우주 만물 자체 안에 내재하는 고유한 어떤 것이 아니다. 좋음과 선함과 아름다움은 근원적으로 하나님께 있는 것이다. 그러기에 "하나님이 보시기에 좋았더라"고 표현한다. 좋으시고 선하시고 아름다우신 하나님과의 관계에서 우주 만물이 좋고 선하고 아름다운 것이 되는 것이다.

4. 삼위일체 하나님의 창조(creatio Trinitatis)

하나님께서 창조의 시작이시며 원리이시고 효력이시기에 성경의 창조는 삼위일체 하나님의 창조(creatio Trinitatis)이다. 이러한 깨달음은 16세기 종교개혁자 장 칼뱅(Jean Calvin/John Calvin, 1509-1564)에게서 이미 볼 수 있다. 칼뱅은 『기독교강요(*Institutes of Christian Religion*)』에서 삼위일체 하나님의 각 위격을 구별하면서 아래와 같이 진술하였다.

> 성경이 말하는 구별은 다음과 같다. 곧 성부는 일의 시초(beginning)가 되시고 만물의 기초(foundation)와 원천(wellspring)이 되시며, 성자는 지혜(wisdom)요 계획(counsel)이시며 만물을 질서 있게 배열하시는 분이라고 하였으며, 성령에게는 그와 같은 모든 행동의 능력(power)

과 효력(efficacy)이 돌려진다.[3]

성부 하나님은 창조를 시작하시고 성자 하나님은 창조의 원리가 되시며 성령 하나님은 창조의 효력을 이루신다. 성부 하나님과 성자 하나님과 성령 하나님이 함께 존재하시고 함께 활동하신다. 이것을 칼뱅의 "삼위일체적 함께하심의 원리(Calvin's Principle of the Triune Togetherness)"[4]라고 명명할 수 있다.

삼위일체적 함께하심의 원리가 가능한 것은 더 근원적으로 성부 하나님과 성자 하나님과 성령 하나님이 서로 안에 거주하는 관계 속에서 공동체로서의 삶을 사시

3   John Calvin, *Institutes of Christian Religion*, ed. John Baillie, John T. McNeill and Henry P. Van Dusen, trans. Ford Lewis Battles (Philadelphia: The Westminster Press, 1967), I, xiii, 18. 존 칼빈 지음, 김종흡·신복윤·이종성·한철하 공역, 『기독교강요』(서울: 생명의말씀사, 1999) 231-232.
4   백충현, 『남북한 평화통일을 위한 삼위일체적 평화통일 신학의 모색』(서울: 나눔사, 2012), 105-106. 백충현, 『삼위일체신학의 핵심과 확장: 성경, 역사, 교회, 통일, 사회, 설교』(서울: 장로회신학대학교출판부, 2020), 69-72.

기 때문이다. 성부 하나님과 성자 하나님과 성령 하나님이 서로 안에 존재하면서 아주 친밀한 관계를 맺으신다. 요한복음 14:11에서 예수님은 "내가 아버지 안에 거하고 아버지께서 내 안에 계심을 믿으라"(Believe me that I am in the Father, and the Father in me)라고 말씀하신다.

성부 하나님과 성자 하나님은 서로 안에 존재할 정도로 아주 밀접한 관계다. 그리고 성령 하나님은 성부 하나님과 성자 하나님을 이어주는 줄과 띠로서 성부와 성자를 연결하여 준다. 그러기에 성부와 성자와 성령이 모두 서로 안에 거한다고 말할 수 있다. 성부 하나님과 성자 하나님과 성령 하나님이 서로 안에 거주하시는 관계를 그리스어로 "페리코레시스"(περιχώρησις, perichoreis)라고 한다. 이를 상호내주(相互內住, mutual indwelling) 또는 상호침투(相互浸透, mutual interpenetration)라고 한다.

이러한 페리코레시스의 관계성과 공동체성 안에서 성부 하나님과 성자 하나님과 성령 하나님은 교제의 삶을 누리신다. 여기서 교제는 그리스어로 "코이노니아"(κοινωνία, koinonia)로서 친교, 사귐, 연합, 일치 등등을 의미한다. 그리고 삼위일체 하나님은 우주 만물을 창조하셔서 창조세계 전체가 삼위일체 하나님의 교제에 참여하도록 하신다. 여호와의 동산인 에덴동산이 바로 그러한 곳이다. 이곳에서는 하나님과의 관계, 인간과의 관계, 자연 즉 창조세계와의 관계가 온전히 아름답게 이루어진다.

이러한 상태의 모습이 바로 히브리어로 "샬롬"(שָׁלוֹם, shalom)이다. 말하자면 평화와 평안의 공동체다. 이러한 샬롬 안에서 공의와 정의가 온전히 이루어진다. 공의(公義, righetousnes)는 히브리어로 "체데크" 또는 "체다카"(צֶדֶק/צְדָקָה, tsedeq/tsedaqah)인데 하나님과의 관계를 우선적으로 가리키면서도 또한 사람과의 관계 및 자연 즉 창조세계와의 관계까지도 포함한다. 정의(正義, justice)는 히브리어로 "미쉬파트"(מִשְׁפָּט, mishpat, 미쉬파트)이다. 이것은 재판에서의 바른 판단을 의미하는데 공의를 기초와 바탕으로 삼아 이루어진다.

샬롬 안에서는 공의와 정의가 온전히 이루어지기 때
문에 이사야 51:3에서는 여호와의 동산인 에덴에는 "그
가운데에 기뻐함과 즐거워함과 감사함과 창화하는 소리
가 있으리라"라고 말한다.

5. 우주 만물, 피조물, 자연, 창조세계

삼위일체 하나님께서 천지를 창조하셨다는 것은 단지
천지(天地)만을, 즉 하늘(天)과 땅(地)만을 창조하셨음을
의미하지 않는다. 천지로 대표되는 모든 것들, 즉 하늘에
있는 모든 것들과 땅에 있는 모든 것들을 창조하셨을 뿐
만 아니라 하늘과 땅 사이에 있는 모든 것들을 창조하셨
음을 의미한다. 한마디로 표현하면, 만물을 창조하셨음
을 의미한다. 삼위일체 하나님 자신 이외의 온 세계를 창
조하셨다는 뜻이다.

그래서 창세기 2:1에서는 "천지와 만물이 다 이루어
지니라"라고 말한다. 그리고 요한복음 1:3에서는 "만물

이 그로 말미암아 지은 바 되었으니 지은 것이 하나도 그가 없이는 된 것이 없느니라"라고 말한다. 또한 골로새서 1:16-17에서는 다음과 같이 말한다. "만물이 그(예수 그리스도)에게서 창조되되 하늘과 땅에서 보이는 것들과 보이지 않는 것들과 혹은 왕권들이나 주권들이나 통치자들이나 권세들이나 만물이 다 그로 말미암고 그를 위하여 창조되었고, 또한 그가 만물보다 먼저 계시고 만물이 그 안에 함께 섰느니라."

여기서 만물은 삼위일체 하나님께서 창조하신 우주 만물 전체를 가리킨다. 만물은 그리스어로 "판타"(πάντα, panta)인데 모든 것을 의미하는 그리스어 단어 "파스"(πᾶς)의 중성 복수 명사형이다. 라틴어로는 "옴니아"(omnia)이다. 한자로는 만물(萬物) 또는 만유(萬有) 또는 범(凡)으로 표현한다. 우주 만물은 삼위일체 하나님에 의해 창조된 것이기에 피조물(被造物, creature)이며 또한 자연(自然, nature)이라고 표현할 수 있다. 그리고 창조세계(創造世界, creation)라고 표현할 수도 있다.

삼위일체 하나님이 창조하신 우주 만물은 하나님 자신 이외의 모든 것들을 가리킨다. 여기에는 시간과 공간까지 포함된다. 시간(time)은 창조된 것이다.[5] 그러기에 시간의 주님은 하나님이시다.[6] 그리고 공간(space)도 창조된 것이다.[7] 시공간(space-time)이 모두 창조된 것이다. 창조가 없이는 시간도 없고 공간도 없다. 이런 점에서 삼위일체 하나님과 분리된 어떤 영원불변한 시간이나 공간, 또는 시공간이 존재한다고 가정하거나 전제하는 것은 성경의 창조론에 부합하지 않는다. 또한 어떤 객관적

---

5   아우구스티누스는 하나님의 창조와 관련하여 시간을 논의하면서 "당신은 모든 시간의 창조자이십니다"라고 말한다. 아우구스티누스 지음, 선한용 옮김. 『성 어거스틴의 고백록』(서울: 대한기독교서회, 2007), 392.

6   칼 바르트는 『교회교의학』에서 기독론적 접근을 통해 시간을 다루면서 "예수, 시간의 주님"을 다루었다. 즉, 시간 속에 있는 인간 예수를 먼저 다루되 부활에서 드러난 예수의 존재를 탐구함으로써 예수의 존재를 시간의 주인으로, 그리고 예수의 시간을 모든 시간의 성취로서 이해하였다. Karl Barth, *Church Dogmatics*, trans. Geoffrey W. Bromiley (Edinburgh: T&T Clark, 1980), III/2, 437.

7   위르겐 몰트만은 시간의 창조에 관해서뿐만 아니라 공간의 창조에 관하여 다루었다. 위르겐 몰트만, 『창조 안에 계신 하나님 – 생태학적 창조론』(서울: 대한기독교서회, 2017), 166-242.

인 시간과 공간이 존재하고 하나님도 그 안에 존재한다는 생각도 성경의 창조론과 맞지 않는다.

삼위일체 하나님은 우주 만물의 창조주이시므로 또한 시간의 주님, 공간의 주님, 시공간의 주님이시다. 시간이나 공간은 본래 하나님의 소유이지 인간의 소유가 아니다. 인간에게 있는 시간과 공간은 단지 하나님으로부터 받은 선물일 뿐이다. 그러기에 인간은 청지기(steward)로서 잘 관리하고 선용해야 한다.

우주 만물인 자연(nature)은 스스로 존재하거나 저절로 생겨난 어떤 것이 아니라 하나님에 의해 창조된 것일 뿐이다. 산이나 하늘이나 강이나 바다와 같은 자연(nature)도 하나님에 의해 창조된 것이며, 또한 인간의 본성(human nature)과 같은 자연(nature)도 인간 고유의 것이 아니라 하나님에 의해 창조된 것이다.

이런 점에서 자연(nature)은 창조주 하나님의 은혜 및 은총(grace) 안에 있는 자연이다. 은혜는 자연이 자연되도록 하며 또한 자연과 함께 존재한다. 은혜 없이 자연은 온전히 존재하지 못한다. 은혜는 자연을 파괴하지 않고 완성한다.[8] 그리고 은혜는 영원한 영광을 향하여 자연을 준비시킨다.[9]

그러므로 자연을 제대로 잘 이해하려면 은혜의 렌즈로 보아야 한다. 오늘날 자연 파괴로 말미암은 생태 위기가 전 세계적인 문제인데 이러한 문제를 잘 해결하기 위해서도 은혜의 렌즈로 자연을 보아야 한다. 우리는 은혜와 함께 있는 자연의 경이로움(wonder)[10]을 새롭게 볼 수 있어야 한다. 그래야 오늘날 창조세계를 위협하고 있는 자연 파괴 및 생태 위기의 문제들을 해결할 수 있는 실마리를 찾을 수 있다.

---

8   토마스 아퀴나스가 『신학대전』에서 "Gratia non tollit naturam, sed perfecit(Grace does not destroy nature, but perfects it)"이라고 말하였다. Thomas Auqinas, trans. Fathers of the English Donimican Province, *Summa Theologica* (New York; Christian Classics, 1980) I, i, 8, ad 2.

9   몰트만, 『창조 안에 계신 하나님 – 생태학적 창조론』, 25-26.

10   앨리스터 맥그래스는 오늘날 우리에게 자연의 경이로움을 재상상할 것을 요청한다. Alister E. McGrath, *Re-Imagining Nature: The Promise of a Christian Natural Theology* (Oxford: Wiley Blackwell, 2017), 181-183.

6. 창조와 관련된 성경적 신론

성경은 삼위일체 하나님의 말씀이다. 삼위일체 하나님께서 인간에게 말씀하시는 계시의 책이다. 그래서 성경에는 하나님에 관한 이야기들로 가득하다. 이 이야기들의 주인공은 바로 삼위일체 하나님이시다. 인간이 주인공이 아니다. 아브라함, 모세, 다윗, 솔로몬, 바울처럼 훌륭한 인간들이 있지만 이들이 주인공은 아니다. 그들과 함께 하신 삼위일체 하나님이 주인공이시다. 이런 점에서 성경의 신관은 하나님의 존재와 활동을 인정하고 그것들에 초점을 두는 유신론(有神論, theism)이다. 신이 존재하지 않는다는 무신론(無神論, atheism)이 전혀 아니다.

그리고 성경은 태초에 하나님께서 천지를 창조하셨다고 말씀하기에 창조론(創造論, creatiology)을 주장한다. 삼위일체 하나님의 창조가 없이는 그 어떤 것도 존재하거나 생성될 수가 없다. 더 나아가 성경은 삼위일체 하나님께서 천지를 창조하실 때 하나님 자신이 창조의 시작이며 원리이며 효력이심을 주장한다. 그러기에 삼위일체 하나님의 창조를 주장하는 삼위일체적 창조론(三位一體的 創造論, trinitarian creatiology)이다.

우주 만물인 피조물 또는 자연은 저절로 생겨난 것이 아니라 삼위일체 하나님께서 창조하신 것이다. 그러므로 자연 자체를 독립적으로 내세우는 자연주의(自然主義, naturalism)는 충분하지 못하다. 더욱이 하나님의 존재나 하나님의 창조를 인정하지 않으면서 자연을 독립적으로 내세우는 무신론적 자연주의는 성경의 창조론과는 전혀 맞지 많다.

또한 성경의 창조론은 하나님이 단지 옛날 아주 오래전 어느 한 시점에서만 창조하시고 그 직후부터는 그대로 내버려 두시고 아무런 상관도 하지 않으신다는 이신론(理神論, deism)이 전혀 아니다. 성경의 창조론은 삼위일체 하나님께서 천지를 창조하실 뿐만 아니라 하나님 자신의 원리에 따라 움직이도록 계속 활동하심을 의미한다. 이런 점에서 하나님의 창조와 하나님의 섭리는 연속적이다. 그리고 "태초의 창조" 즉 "원창조"(creatio originalis)는 이후의 "계속적 창조"(creatio continua)와 연속적이다. 그리고 이것은 종말의 "새창조"(creatio nova)와도 계속 연결되며 연속적이다.[11]

이러한 점은 창조주와 피조물 사이의 질적인 차이를 인정하면서도 그와 동시에 창조주와 피조물 사이의 긴밀한 관계성을 함의한다. 창조주와 피조물 사이의 긴밀한 관계성은 삼위일체 하나님께서 천지를 창조하실 때 아무렇게나 임의로 또는 자의적으로 창조하시는 것은 아님을 의미한다. 하나님 자신이 원리가 되시고 그 원리에 따라 천지를 창조하시고, 또한 그 원리에 따라 움직이도록 하심을 의미한다.

이러한 점을 표현하기 위하여 만유재신론(萬有在神論) 또는 범재신론(汎在神論)이라는 용어가 사용된다. 영어로는 "판엔데이즘"(panentheism)이라고 한다. 문자 그

---

11   몰트만, 『창조 안에 계신 하나님 – 생태학적 창조론』, 292.

대로 "만유/범"(πᾶν, pan)이 "신"(θεός, theos) "안에"(ἐν, en) 존재한다는 의미이다. 여기서 만유/범은 만물, 즉 우주 만물 전체를 가리킨다. 만유재신론/범재신론은 우주 만물과 신 간의 긴밀한 관계를 강조한다.

그런데 이 용어는 이러한 문자적 의미에서 이탈하여 신(theos)이 만유/범(pan) 안에(en) 존재한다는 의미로 더 많이 사용되고 있는데 이것은 엄밀하게 "신재만유론/신재범론"으로서 범신론(汎神論, pantheism)으로 나아가는 경향이 농후하다고 할 수 있다. 이런 점에서 이 용어를 사용할 때는 각별한 주의가 필요하다.

II

하나님의 형상
(이마고 데이)

관계 안에서 공동체로 사는 교제의 삶

◇◇◇◇◇◇◇◇◇

²⁶하나님이 이르시되
"우리의 형상을 따라 우리의 모양대로 우리가 사람을 만들고
그들로 바다의 물고기와 하늘의 새와 가축과 온 땅과
땅에 기는 모든 것을 다스리게 하자" 하시고
²⁷하나님이 **자기 형상 곧 하나님의 형상대로** 사람을 창조하시되
남자와 여자를 창조하시고(창 1:26-27).

¹⁵그(예수 그리스도)는 보이지 아니하는 **하나님의 형상**이시요
모든 피조물보다 먼저 나신 이시니(골 1:15).

◇◇◇◇◇◇◇◇◇

1. 하나님의 형상(이마고 데이)

"하나님의 형상"은 라틴어로 "이마고 데이"(imago Dei)
이다. 라틴어로 "이마고"(imago)는 형상을 가리키며 "데
이"(Dei)는 하나님을 뜻하는 "데우스"(Deus)라는 단어의
소유격 형태로서 "하나님의"라는 뜻을 지닌다.

형상이라는 단어는 구약성경 창세기 1장에서 하나
님께서 사람을 창조하실 때 사용된다. 창세기 1:26, "우
리의 형상을 따라 우리의 모양대로"라는 구절에서 "형
상"(形像)과 "모양"(模樣)이라는 두 단어가 함께 나온다.
히브리어로 형상은 "첼렘"(צֶלֶם, zelem)이며 모양은 "데무
트"(דְמוּת, demut)이다. 라틴어로 형상은 "이마고"(imago)
이며 모양은 "시밀리투도"(similitudo)이다.

이전에는 형상과 모양을 구별하여 각각 다른 의미를
지닌다고 해석하기도 하였다.[1] 그러나 오늘날에는 현대

---

1   예를 들어, 형상을 신체적인 특성 또는 자연적인 재능들로, 모양을 영

히브리어 문법의 발전으로 형상과 모양이 같은 의미를 지니는 다른 표현이라고 여긴다. 창세기 1:26에서는 "우리의 형상을 따라 우리의 모양대로" 인간을 창조하는 것으로 되어 있지만 곧바로 27절에서는 "자기 형상 곧 하나님의 형상대로" 인간을 창조하는 것으로 되어 있기 때문이다. 형상과 모양은 동일한 의미이기에 형상이라는 한 단어로만 표현한다. 여기서 형상은 그리스어로 "에이콘"(εἰκών, eikon)이며 영어로는 "아이콘"(icon)이다. 그리고 라틴어 이마고(imago)는 영어로 이미지(image)이다.

형상은 이마고(imago), 이미지(image), 아이콘(icon)으로서 일차적으로 시각적인 의미를 지닌다. A가 B의 형상이라고 한다면 A를 보면 어느 정도 B를 볼 수 있음을

적인 특성이나 초자연적인 원의(original righteousness)로 이해하는 자들이 있었다. 루이스 벌코프 지음, 권수경·이상원 옮김, 『벌코프 조직신학』(고양: 크리스챤 다이제스트, 2006), 114; 헤르만 바빙크 지음, 박태현 옮김, 『개혁교의학 2』(서울: 부흥과개혁사, 2011), 665-667. 현대에서는 에밀 브루너가 형상을 형식적 의미와 실질적 의미로 구별하여 전자는 죄로 상실되지 않지만 후자는 죄로 상실된다고 보았다. 윤철호, 『기독교 신학 개론』(서울: 대한기독교서회, 2015), 187-188.

의미한다. 따라서 인간이 하나님의 형상이라는 점은 인간을 보면 어느 정도 하나님을 볼 수 있음을 의미한다.

2. 삼위일체 하나님의 형상(imago Trinitatis)

하나님의 형상은 구체적으로 무엇을 의미하는가? 이 질문에 관한 대답의 실마리는 창세기 1:26-27에 있다. 27절에서는 "자기 형상 곧 하나님의 형상대로"라고 표현되어 있는데 바로 직전 26절에서는 "우리의 형상을 따라"라고 표현되어 있다. 문맥상 "하나님의 형상"과 "우리의 형상"이 동일한 의미를 지닌다고 할 수 있다.

그렇다면 "우리의 형상"에서 "우리"는 누구를 가리키는가? 하나님께서 말씀하시면서 "우리"라고 표현하는 것으로 보아 삼위일체 하나님이라고 할 수 있다. 창조의 시작이신 성부 하나님, 창조의 원리이신 성자 하나님, 창조의 효력이신 성령 하나님이 함께 논의하시면서 "우리의 형상을 따라" 인간을 창조하신 것이다. 이런 점에서

"우리의 형상"은 삼위일체 하나님의 형상(imago Trinitatis)을 가리킨다. 그러므로 하나님의 형상은 삼위일체 하나님의 모습을 가리킨다.

창조와 관련하여 살펴보았듯이 성부 하나님과 성자 하나님과 성령 하나님이 서로 안에 거주하는 관계 안에서 공동체로서 교제의 삶을 사신다. 성부 하나님과 성자 하나님과 성령 하나님이 서로 안에 존재하면서 아주 친밀한 관계를 맺으신다. "페리코레시스"(περιχώρησις, perichoreis), 즉 상호내주(相互內住, mutual indwelling) 또는 상호침투(相互浸透, mutual interpenetration)의 관계성과 공동체성 안에서 코이노니아(κοινωνία, koinonia), 즉 교제, 친교, 사귐, 연합, 일치의 삶을 누리신다.

그러기에 삼위일체 하나님의 가장 특징적인 모습은 바로 관계성과 공동체성 안에서 누리시는 교제의 삶이다. 이것이 바로 하나님의 형상이 가리키는 내용이다. 따라서 하나님의 형상으로서의 인간 됨의 핵심은 관계성, 공동체성, 교제성이다. 칼 바르트(Karl Barth, 1886-1968)

는 창세기 1:27을 해석할 때 "하나님이…하나님의 형상대로 사람을 창조하시되 남자와 여자를 창조하시고"라는 구절에 주목하여 하나님께서 남자든 여자든 인간을 관계적 존재로 창조하셨다고 해석한다. 그리고 바르트는 인간성(humanity) 자체가 공동-인간성(co-humanity)이라고 여긴다.[2]

인간에 대한 이러한 이해는 현대 철학자 마르틴 부버(Martin Buber, 1878-1965) 및 에마뉘엘 레비나스(Emmanuel Levinas, 1906-1995)의 인간론과도 잘 공명한다. 부버는 "나-그것"의 비인격적 관계가 아니라 "나-너" 사이의 인격적 관계를 중요시했다. 그리고 레비나스는 자아중심적인 근대 정신을 비판하면서 타자가 있기 때문에 자아가 있는 것이라고 주장하였다.

그리고 인간에 대한 이러한 이해는 동양의 인간론

---

2   다니엘 L. 밀리오리 지음, 신옥수·백충현 공역, 『기독교조직신학개론 - 이해를 추구하는 신앙(개정3판)』(서울: 새물결플러스, 2016), 261-262.

과도 잘 공명한다. 인간(人間)이라는 말 자체 안에 사람 사이의 관계(間)가 전제되어 있다. 한자로 사람을 가리 키는 인(人)이라는 글자에는 단 한 사람이 아니라 두 사 람이 있다. 관계적이며 공동체적 인간론이다. 반면에 서양은 개인주의적 인간론이 강하다. 그래서 서양에서 인간(human person)이라고 하면 하나의 개별적인 인간 (individual)을 주로 가리킨다. 인간성(humanity) 자체가 개 별성(individuality)을 주로 가리킨다. 그러기에 바르트는 굳이 공동-인간성(co-humanity)이라는 표현을 사용한다.

3. 아우구스티누스의 심리학적 유비

초기 교회 아우구스티누스(Augustinus/Augustine, 354-430) 는 삼위일체 하나님에 관하여 묵상하면서 사랑에는 사 랑하는 자(lover), 사랑을 받는 자(loved), 사랑(love)이라는 세 가지 측면이 있음에 주목하였다. 그런 다음에 곧바로

그는 하나님의 형상을 인간 안에서 찾고자 탐구하였다.[3]

아우구스티누스는 구체적으로 인간의 영혼 안에서 하나님의 형상을 찾고자 하였다. 영혼(靈魂)은 그리스어로 "프쉬케"(ψυχή, psyche)로서 인간의 마음 또는 정신(mind)을 가리킨다. 특히, 아우구스티누스는 인간의 영혼 안에서 이해와 기억과 사랑이라는 세 가지 기능이 하나의 일치를 이루고 있음에 주목하였다. 인간은 이해한 대로 기억하고, 또한 이해한 대로 사랑하기 때문이다.

그래서 아우구스티누스는 이해와 기억과 사랑이 인간의 영혼 안에서 셋으로 구별되지만 하나의 일치를 이루는 모습이 삼위일체 하나님의 흔적(vestigium Trinitatis)이라고 보았다. 이렇게 인간의 영혼(psyche) 안에서, 즉 인간의 마음 또는 정신 안에서 하나님의 형상을 찾고자 탐구하는 아우구스티누스의 입장을 "심리학적 유

---

3   아우구스티누스 지음, 김종흡 옮김, 『삼위일체론』(고양: 크리스챤다이제스트, 2004), 251-262.

비"(psychological analogy)라고 한다.

그런데 아우구스티누스의 이러한 입장에는 하나님의 형상에 관해 나름의 이해가 전제되어 있다. 특히 하나님의 형상이 인간의 마음, 정신, 이성, 지성과 관련된다고 여김으로써 인간에 대한 지성주의적 또는 합리주의적 이해가 전제되어 있다. 서양에서 인간을 이해하는 대표적인 예는 아리스토텔레스의 "인간은 이성적 동물이다"라는 정의이다. 인간도 동물이지만 인간에게는 이성이 있다는 점이 다른 동물들과 차이가 난다고 여기기 때문이다. 그러나 이러한 정의는 인간의 이성에 치우친 이해이다. 인간이 지성, 감성, 의지, 즉 지정의(知情意)를 모두 지니고 있음을 고려하면 그것은 인간에 대한 충분한 이해가 되지 못한다.

그리고 아우구스티누스의 이러한 입장에는 삼위일체 하나님에 관해 나름의 이해가 전제되어 있다. 말하자면 삼위일체 하나님의 삼위성보다는 일치성 또는 하나됨을 강조하는 이해가 전제되어 있다. 그래서 세 가지 정신적 기능들을 언급하지만 그 기능들의 독특성이나 다양성보다는 하나의 영혼, 즉 하나의 마음 안에서의 일치성 및 하나 됨을 강조하는 이해라고 할 수 있다.

4. 피조물로서 인간의 한계

하나님의 형상이 의미하는 것, 즉 관계 안에서 공동체로서 살아가는 교제의 삶은 단지 인간들과의 삶만은 아니다. 하나님과의 삶, 인간과의 삶, 자연 즉 창조세계와의 삶을 모두 포함한다. 관계 안에서 공동체로서 살아가는 교제의 삶이 온전히 이루어진 것이 샬롬(shalom)이다. 샬롬은 평화와 평안이 있는 삶인데 이는 모든 관계가 온전히 아름답게 맺어지는 상태로서 공의와 칭의가 이루어지는 삶이다.

그런데 인간이 삼위일체 하나님의 형상이기는 해도 삼위일체 하나님은 아니다. 다시 말해 인간은 인간이고 하나님은 하나님이다.[4] 다만 인간은 온전히는 아니더라도 부분적으로나마 삼위일체 하나님의 모습을 본받는 삶을 살 수 있다. 이럴 때 하나님의 형상으로서의 인간을 보면서 어느 정도 하나님을 볼 수 있고 또한 인식론적으로 알 수 있다. 그렇다고 하더라도 존재론적으로 인간이 삼위일체 하나님이 되는 것은 전혀 아니다. 인간은 어디까지나 삼위일체 하나님의 피조물일 뿐이기 때문에 인간에게는 존재론적 한계가 분명하게 있다.

이러한 인간의 한계는 성경 안에 이미 암시되어 있다. 성경의 정확한 표현에 따르면, 인간은 "하나님의 형상"(imago Dei)인 것이 아니라 "하나님의 형상대로"(ad imaginem Dei, "아드 이마기넴 데이") 창조된 존재이다. 통상 인간이 하나님의 형상이라고 말하지만 엄밀하게는 인간이 하나님의 형상인 것이 아니라 하나님의 형상을 따라

---

4   칼 바르트 지음, 손성현 옮김, 『로마서 (제2판, 1922)』(서울; 복 있는 사람, 2017), 209.

창조된 존재라는 것이다.

5. 하나님의 형상이신 예수 그리스도

하나님의 형상인 존재는 오직 예수 그리스도뿐이시다. 고린도후서 4:4은 "그리스도는 하나님의 형상(εἰκών, eikon)"이라고 말한다. 그리고 골로새서 1:15은 "그(예수 그리스도)는 보이지 아니하는 하나님의 형상(εἰκών, eikon)이시요 모든 피조물보다 먼저 나신 이시니"라고 말한다.

　　다만 인간은 성령 하나님 안에서 예수 그리스도를 통해 성부 하나님을 알아감으로써 삼위일체 하나님의 모습을 본받는 삶을 살아갈 수 있다. 베드로후서 1:4에서처럼 인간은 "신성한 성품(divine nature)에 참여하는 자"가 될 수 있다. 여기서 "참여하는 자"는 그리스어로 "코이노노스"(κοινωνός, koinonos)로서 삼위일체 하나님의 코이노니아(κοινωνία, koinonia), 즉 교제, 친교, 사귐, 연합, 일치의 삶에 참여하는 자를 의미한다.

삼위일체 하나님께서 관계 안에서 공동체를 이루시는 교제의 삶은 가장 구체적으로 및 가장 분명하게 예수 그리스도를 통해 그 모습이 드러났다. 하나님이신 말씀이 사람이 되신 사건, 즉 성육신(成肉身, incarnation)을 통해 세계에 구체적으로 나타났고, 또한 성육신하셔서 이 땅에서 사셨던 삶의 모든 모습을 통해 구체적으로 드러났다.

그러므로 하나님의 형상대로 창조된 인간이 삼위일체 하나님의 모습을 본받는 삶을 살기 위해서는 예수 그리스도의 삶에 집중하면 된다. 하나님의 성품에 참여하는 자가 되기 위해서는 예수 그리스도를 믿고 따르며 본받는 삶을 살면 된다.[5] 예수 그리스도를 본받아 사는 것이 곧 하나님을 본받는 삶이 된다. 예수 그리스도는 하나님의 형상이시기 때문이다.

---

5   토마스 아 켐피스 지음, 박동순 옮김, 『그리스도를 본받아』(서울: 두란 노서원, 2010).

로마서 8:29-30은 하나님의 아들이신 예수 그리스도의 형상을 본받는 삶에 관하여 설명한다. "하나님이 미리 아신 자들을 또한 그 아들의 형상(εἰκών, eikon)을 본받게 하기 위하여 미리 정하셨으니 이는 그로 많은 형제 중에서 맏아들이 되게 하려 하심이니라. 또 미리 정하신 그들을 또한 부르시고 부르신 그들을 또한 의롭다 하시고 의롭다 하신 그들을 또한 영화롭게 하셨느니라."

이 구절에 따르면, 하나님은 하나님의 백성을 미리 아시고, 미리 정하시고, 부르시고, 의롭게 하시고, 영화롭게 하신다. 하나님의 역사에서 예지(豫知), 예정(豫定), 소명(召命), 칭의(稱義), 영화(榮化)가 일어난다. 이것을 구원 서정(救援 序程, ordo salutis)라고 한다. 다만 이 순서는 하나님과 하나님 백성 사이에 일어나는 관계적이고 개념적이고 논리적인 것이지 기계적이거나 연대기적인 것은 아니다.[6]

---

6   벌코프, 『벌코프 조직신학』, 660.

여기서 형상과 관련하여 "예정"(豫定, predestination)이라는 말에 주목할 만하다. 예정은 구원의 역사가 하나님께서 뜻하신 것이며 운명이나 숙명에 의한 것이 아님을 의미한다. 그리고 예정은 모든 것들이 인과관계에 의해 결정된다는 결정론(決定論, determinism)과도 다르다. 그런데 예정에는 분명한 목적이 있다. 말하자면 하나님의 백성으로 하여금 하나님의 아들, 곧 예수 그리스도의 형상을 본받게 만들기 위하여 예정한다는 분명한 목적이 있다.

따라서 우리는 예정이라는 단어를 떠올릴 때마다 예정의 목적을 생각해야 한다. 각자 자신이 예수 그리스도의 형상을, 즉 예수 그리스도를 믿으면서 그가 보여주셨던 모습을 본받아가고 있는지, 그리고 이를 통해 삼위일체 하나님의 모습을 본받아가고 있는지를 생각해야 한다. 예수 그리스도를 믿고 있다면 관계 안에서 공동체로서 사는 교제의 삶을 더욱 힘써 살도록 해야 하고, 예수 그리스도를 믿고 있지 않다면 개인주의적, 자기중심적 삶에서 벗어나 관계성과 공동체성 안에서의 교제의 삶을 살도록 해야 한다.

III

경륜

(오이코노미아)

우주 만물을 이끌어가는 비전

◇◇◇◇◇◇◇◇◇

⁸이는 그가 모든 지혜와 총명을 우리에게 넘치게 하사
⁹그 뜻의 비밀을 우리에게 알리신 것이요
그의 기뻐하심을 따라 그리스도 안에서 때가 찬
경륜을 위하여 예정하신 것이니
¹⁰하늘에 있는 것이나 땅에 있는 것이
다 그리스도 안에서 통일되게 하려 하심이라(엡 1:8-10).

◇◇◇◇◇◇◇◇◇

1. 경륜(오이코노미아)

"경륜"(經綸)이라는 말은 신약성경에 4번 나오는데 에베소서에 3번, 디모데전서에 1번 나온다(엡 1:9; 3:2; 3:9; 딤전 1:4). 경륜은 신약성경에 쓰인 그리스어로는 "오이코노미아"(οἰκονομία, oikonomia)이다. 이 단어는 "오이코스"(οἶκος, oikos)와 "노모스"(νόμος, nomos)의 합성어이다. 또는 "오이코스"(οἶκος, oikos)와 "네메인"(νέμειν, nemein)의 합성어이다. 노모스는 법을 의미하며 네메인은 경영을 의미한다.

오이코스는 집 또는 가정을 의미하기에 "오이코노미아"는 어느 집 또는 가정의 법이나 경영을 의미한다. 영어로는 "이코노미"(economy)로서 경제(經濟)로도 번역된다. 라틴어로는 "오이코노미아"(oekonomia) 또는 "디스펜사티오"(dispensatio)이다. 그리고 디스펜사티오의 영어 번역은 "디스펜세이션"(dispensation)인데, 이것은 분배 및 경영에 관한 총체적인 계획을 의미하며 섭리(攝理,

providence)와도 연결된다. 섭리는 하나님께서 관심과 사랑으로 미리 보시고 파악하시고 제공하시며 이끌어가시는 것을 의미한다.

집의 범위가 가정이면 가정경제가 되고 국가이면 국가경제가 된다. 그런데 하나님의 집이라고 한다면 그 집의 범위는 하나의 가정이나 국가로만 한정되지 않고 만물이며 온 세계다. "집마다 지은 이가 있으니 만물을 지으신 이는 하나님이시라"(히 3:4). 여기서 집은 "오이코스"(οἶκος, oikos)이며 만물은 "판타"(πάντα, panta)이다. 하나님은 만물, 즉 우주 만물 전체를 창조하는 분이시므로 하나님의 집은 우주 만물 전체라고 할 수 있다. 그러기에 하나님의 경륜은 삼위일체 하나님께서 창조하신 우주 만물 전체를 이끌어 나가시는 계획이나 비전을 의미한다.

2. 삼위일체 하나님의 경륜(oekonomia Trinitatis)

삼위일체 하나님은 서로와의 관계 안에서 공동체로 사시는 교제의 삶을 누리신다. 페리코레시스(περιχώρησις, perichoreis), 즉 상호내주(mutual indwelling) 또는 상호침투(mutual interpenetration)를 통해 성부 하나님과 성자 하나님과 성령 하나님이 서로 안에 거주하신다. 이렇게 삼위일체 안에서의 대내적인 관계적 관점에서 보는 모습이 바로 내재적 삼위일체(內在的 三位一體, the immanent Trinity)이다.

그런데 삼위일체 하나님은 대내적으로만 존재하거나 활동하시는 것이 아니라 또한 대외적으로도 존재하거나 활동하신다. 이렇게 삼위일체 밖으로의 대외적인 관계적 관점에서 보는 모습이 바로 경륜적 삼위일체(經綸的 三位一體, the economic Trinity)이다.

삼위일체 하나님이 대내적으로만 존재하거나 활동하신다면 폐쇄적이거나 배타적인 하나님이실 것이다. 그러나 삼위일체 하나님은 대외적으로도 존재하거나 활동하시기 때문에 개방적이고 포용적인 하나님이시다. 삼위일체 하나님 안에서의 관계성과 공동체성과 교제성은 또한 삼위일체 하나님 밖으로도 열려 있고, 하나님 자신 이외의 다른 존재들이 함께 참여할 수 있도록 하신다.

따라서 삼위일체 하나님은 우주 만물을 창조하신다. 성부 하나님은 창조의 시작으로, 성자 하나님은 창조의 원리로, 성부 하나님은 창조의 효력으로 활동하셔서 창조하신다. 그리고 삼위일체 하나님은 자신이 창조하신 우주 만물을 자신의 경륜에 따라 이끌어가신다. 이를 통해 삼위일체 하나님의 페리코레시스적 관계와 공동체와 교제가 대외적으로 확장되도록 하신다. 그리고 삼위일체 하나님 이외의 존재들이 함께 참여할 수 있도록 하신다.

요한복음 17장에 있는 예수 그리스도의 대제사장적 기도에서 이러한 점을 확인할 수 있다. "아버지여, 아버지께서 내 안에, 내가 아버지 안에 있는 것 같이 그들도 다 하나가 되어 우리 안에 있게 하사 세상으로 아버지께서 나를 보내신 것을 믿게 하옵소서"(요 17:21). 사랑의 띠와 줄이신 성령 하나님을 통해 서로 하나가 되시는 성부 하나님과 성자 하나님의 상호내주 안에 사람들이 함께 참여할 수 있기를 삼위일체 하나님은 원하신다.

3. 경륜의 목적과 비전

삼위일체 하나님의 경륜의 목적은 에베소서 1:9-10에 분명하게 드러나 있다. "그 뜻의 비밀을 우리에게 알리신 것이요 그의 기뻐하심을 따라 그리스도 안에서 때가 찬 경륜을 위하여 예정하신 것이니, 하늘에 있는 것이나 땅에 있는 것이 다 그리스도 안에서 통일되게 하려 하심이라." 삼위일체 하나님께서는 때가 찬 경륜에 따라 "하늘에 있는 것이나 땅에 있는 것이 다", 즉 만물(πάντα, panta)이 예수 그리스도 안에서 통일되게 하고자 하신다.

　여기서 "통일되게 하다"라는 말은 그리스어로 "아나케팔라이오오"(ἀνακεφαλαιόω)에서 나온 말이다. "아나"(ἀνά, ana)는 "다시"라는 뜻이며 "케팔레"(κεφαλή, kephale)는 "머리"라는 뜻이다. 그래서 통일이라는 말은 누군가의 머리 됨을 다시 인정한다는 뜻이다. 하늘에 있는 모든 것과 땅에 있는 모든 것, 즉 우주 만물 전체가 예수 그리스도의 머리 되심을 인정하도록 하는 것, 그래서 우주 만물 전체가 예수 그리스도 안에서 하나가 되도록 하는 것을 의미한다. 예수 그리스도의 머리 되심을 인정한다는 것은 예수 그리스도가 바로 우주 만물 전체의 원리이심을 인정한다는 것이다.

경륜은 삼위일체 하나님께서 창조하신 우주 만물 전체를 이끌어가시는 것인데 그 목적은 우주 만물 전체가 예수 그리스도의 머리 되심을 인정하도록 하는 것이다. 사실 예수 그리스도는 창조의 원리이시다. 그래서 우주 만물이 창조될 때 말씀, 즉 로고스로 창조되었다. 말씀이 없이는 창조된 것이 하나도 없다.

그러기에 우주 만물 전체가 창조의 원리이신 예수 그리스도의 머리 되심을 인정하는 것은 당연한 이치이다. 예수 그리스도는 우주 만물의 생명이며 빛이시기 때문에 예수 그리스도의 머리 되심을 인정할 때 우주 만물이 온전한 생명을 누리고 빛 가운데에 거할 수 있다.

4. 경륜의 방식으로서의 성육신

그런데 우주 만물이 자신들의 생성과 존재의 원리이신 말씀을 알지도 못하고 받아들이지도 않는 일이 벌어졌다. 빛이 비춰어도 어두움이 깨닫지 못하는 일이 벌어졌다. 그래서 삼위일체 하나님은 우주 만물 전체가 다시 예수 그리스도의 머리 되심을 인정하도록 하시기 위하여 요한복음 1:14에서 밝히는 것처럼 로고스이신 말씀이 사람이 되셨다. 바로 성육신(成肉身, incarnation)이다. 우주 만물의 원리이신 말씀(로고스)이 성육신으로 사람이 되심으로써 우주 만물 안에 구체적으로 나타나셨다. 예수 그리스도께서 이 땅에서 사셨던 모든 삶의 모습들을 통해 온 세계에 구체적으로 나타났다.

이를 통해 사람들을 비롯하여 우주 만물 전체가 자신들의 원리이신 말씀을 분명하게 보고 알 수 있도록 하셨다. 이를 통해 성육신하신 예수 그리스도를 믿고 따르면서 삼위일체 하나님께서 뜻하시고 이끌어가시는 삶에 참여할 수 있도록 하신다. 이런 까닭에 경륜을 뜻하는 "오이코노미아"라는 단어가 초기 교회에서는 성육신을 의미하는 단어가 되었다.[1]

신약성경 빌립보서 2:5-8은 예수 그리스도의 성육신을 자기 비움으로 묘사한다. "너희 안에 이 마음을 품으라. 곧 그리스도 예수의 마음이니 그는 근본 하나님의 본체시나 하나님과 동등됨을 취할 것으로 여기지 아니하시고 오히려 자기를 비워 종의 형체를 가지사 사람들과 같이 되셨고 사람의 모양으로 나타나사 자기를 낮추시고 죽기까지 복종하셨으니 곧 십자가에 죽으

---

1   캐서린 모리 라쿠나 지음, 이세형 옮김, 『우리를 위한 하나님 - 삼위일체와 그리스도인의 삶』(서울: 대한기독교서회, 2008).

심이라"(빌 2:5-8). 여기서 성육신의 본질적 모습이 자기 비움으로 표현된다. 자기 비움은 그리스어로 "케노시스"(κένωσις, kenosis)로서 "비우다"라는 뜻을 지닌 동사 "케노오"(κενόω, kenoo)의 명사형이다. 영어로는 "셀프-엠프티니스"(self-emptiness)로 표현한다. 한자로는 "공"(空)으로 표현할 수 있다.

케노시스는 성자 하나님께서 근본적으로 성부 하나님과 동등하시지만 그렇게 여기지 않으시고 자신을 비우셨음을 의미한다. 그런 다음에 오히려 종의 형체를 가져 사람들과 같이 되셨고 이를 통해 자기를 낮추시고 순종하시며 십자가에서 죽으시기까지 복종하셨음을 의미한다. 이렇게 자기 비움의 관점에서 예수 그리스도를 이해하는 입장을 케노시스 기독론(kenosis Christology 또는 kenotic Christology)이라고 한다. 이는 자기 비움의 기독론, 겸허적 기독론, 또는 겸비적 기독론이다.

우주 만물의 원리로서의 말씀, 즉 성자 하나님이 자기 비움을 하였음을 고려하면 삼위일체 하나님은 우주 만물 전체를 향한 자신의 경륜의 목적을 이루시기 위해 어떤 강제적인 방식이나 강압적인 방식으로 활동하지 않으심을 알 수 있다. 우주 만물 전체가 예수 그리스도의 머리 되심을 인정하도록 하시기 위해 어떤 기계적인 수단이나 폭력적인 수단을 사용하지 않으신다. 오히려 자신을 비우시고 사람이 되시며 자신을 낮추시고 십자가에서 고난받으시며 죽으시기까지 복종하신다.

삼위일체 하나님께서 성육신을 통한 자기 비움과 순종과 고난과 죽음의 방식으로 자신의 경륜의 목적을 이루시고자 하신 것은 우주 만물 전체를 존중하시고 각각 자유롭게 참여하도록 하시기 위함이다. 특히 사람의 경우에는 더욱 그러하다. 각 사람이 성육신하신 예수 그리스도를 통해 삼위일체 하나님의 경륜을 발견하고 깨달아 스스로 자유롭게 그 경륜에 참여하도록 하신다.

5. 경륜에의 참여

경륜을 뜻하는 오이코노미아를 경제(economy)로도 번역하는데, 세상에서 경제의 핵심은 이윤추구다. 이윤이 없다면 사업을 접는 것이 경제 현실이다. 이윤이 있어야 장사를 하고 집을 짓고 무역을 한다. 이렇게 세상에서의 경제는 자신에게 어떤 이득이 있어야 일을 하며 자신에게 조금이라도 손해가 되는 일은 절대 하지 않는다.

그러나 삼위일체 하나님의 경륜은 세상에서의 경제와는 전혀 다르다. 삼위일체 하나님은 자신의 이익을 추구하기 위해서 활동하시지 않는다. 오히려 삼위일체 하나님 자신이 아닌 타자(他者), 즉 우주 만물 전체의 유익을 위해서 움직이신다. 말하자면 세상을 이롭게 하시기 위하여 움직이신다.

이를 위하여 삼위일체 하나님은 자신의 가장 소중한 재화를 내어주시면서까지 활동하신다. 이것이 하나님의 사랑이다. 하나님 자신에게 가장 소중한 독생자를 내어주실 정도로 세상인 "코스모스"(κόσμος, cosmos), 다시 말해 우주 만물을 사랑하신다. 이러한 사랑이 바로 "아가페"(ἀγάπη, agape)이다. 요한복음 3:16-17은 아가페의 사랑을 분명하게 알려준다. "하나님이 세상을 이처럼 사랑하사 독생자를 주셨으니 이는 그를 믿는 자마다 멸망하지 않고 영생을 얻게 하려 하심이라. 하나님이 그 아들을 세상에 보내신 것은 세상을 심판하려 하심이 아니요 그로 말미암아 세상이 구원을 받게 하려 하심이라."

그렇다면 우주 만물은 삼위일체 하나님의 아가페 사랑을 받아들일 수 있어야 한다. 독생자 예수 그리스도를 받아들이고 믿을 때 하나님의 경륜에 참여할 수 있다. 그래야만 멸망하지 않고 영생을 얻을 수 있으며 또한 심판받지 않고 구원받을 수 있다.

예수 그리스도를 믿고 하나님의 경륜에 참여한다는 것은 우리 삶의 방식이 완전히 바뀌는 것을 의미한다. 그것은 우리 삶의 원리가 예수 그리스도이심을 온전히 의지하는 것을 의미한다. 삶은 그대로인데 머리로 믿기만

하는 것은 진정한 믿음이 아니다. 진정한 믿음이란 예수 그리스도를 영접하고 시인할 뿐만 아니라 이러한 일이 삶 전체로 드러나도록 하는 것이다. 그래서 삶 전체의 방향을 완전히 바꾸어 전적으로 새로운 삶을 살아가는 것이다.

삼위일체 하나님의 경륜의 목적과 비전은 우주 만물, 즉 하늘에 있는 모든 것과 땅에 있는 모든 것이 예수 그리스도의 머리 되심을 인정하고, 이를 통해 예수 그리스도 안에서 하나가 되도록 하는 것이다. 그러므로 예수 그리스도를 믿고 따르는 것은 가정, 학교, 직장, 사업을 비롯한 삶의 모든 자리에서, 그리고 경제, 정치, 사회, 문화, 예술, 학문, 직장을 아우르는 삶의 모든 영역에서 예수 그리스도의 머리 되심을 인정하여 드러나도록 하는 것이다.

개인적인 삶이든 사회적인 삶이든 삶의 모든 분야에서 예수 그리스도의 머리 되심이 드러나도록 해야 한다. 심지어 전 세계의 갈등과 분열과 전쟁의 문제들에서도,

그리고 평화와 화해와 통일의 문제들에서도 예수 그리스도의 머리 되심이 드러나도록 해야 한다. 그럴 때 우주 만물 전체를 향한 삼위일체 하나님의 경륜에 온전히 참여할 수 있다.

IV

고난
(파토스)

아픔을 겪으시고 함께 느끼시며 위로하심

²¹이때로부터 예수 그리스도께서 자기가
예루살렘에 올라가 장로들과 대제사장들과 서기관들에게
많은 **고난**을 받고 죽임을 당하고 제삼일에 살아나야
할 것을 제자들에게 비로소 나타내시니,
²²베드로가 예수를 붙들고 항변하여 이르되
"주여, 그리 마옵소서. 이 일이 결코 주께 미치지
아니하리이다"(마 16:21-22).

1. 고난(파토스)

고난(苦難)은 그리스어로 "파토스"(πάθος, pathos) 또는 "파테마"(πάθημα, pathema)이다. "고통"(苦痛)이라고 번역되기도 한다. 예수님께서 십자가에서 죽으실 때 받으셨던 어려움을 가리킨다. 예수님께서 자신의 고난을 예고하실 때 이 단어의 동사 "파스코"(πάσχω, pascho)의 부정사 형태인 "파테인"(παθεῖν, pathein)이 사용되었다.

고난을 뜻하는 라틴어는 "파시오"(passio)이며 영어로는 "패션"(passion)이다. 영화 〈패션 오브 크라이스트〉(Passion of Christ)의 제목이 "그리스도의 수난"으로 번역되는 것처럼 패션은 고난받는 것, 즉 수난(受難)을 의미한다. 고난받아 아픔을 겪는 것이기 때문에 영어로 "서퍼링"(suffering)으로 번역하기도 한다.

그런데 파토스(pathos), 즉 패션(passion)은 십자가에서 고난을 겪는 것과 같은 수난(suffering)뿐만 아니라 성육신하여 사시면서 겪으시는 모든 아픔을 의미한다. 그

리고 더 넓게는 시인이나 예술가처럼 외부에 의해 느껴
지는 감정 또는 감성을 지니고 계심을 의미하기도 한다.
이렇게 "파토스" 또는 "패션"에는 다층적인 의미들이 있
다.

그리고 예수님께서 감정이 풍부하시다면 고난 또
는 고통 중에 있는 자들에 대해 무감각하거나 냉담하
지 않으시고 함께 느끼실 수 있다. 이것이 공감 및 긍휼
(compassion)이다. 또한 감정이 풍부하시다면 고난과 고
통 중에 있는 자들을 외면하지 않으시고 돌보실 수 있다.
이것이 위로(consolation)이다.

2. 예수 그리스도의 고난

삼위일체 하나님의 경륜 안에서 로고스(logos), 즉 말씀이
신 성자 하나님이 예수 그리스도로 나타나셨다. 자신을
비우시고 사람이 되어 성육신하심으로써 이 땅에서 고
난(pathos/passion)의 삶을 사셨다. 동정녀로부터 탄생하시

는 일에서 시작하여 공생애 초기에 세례받으신 일, 광야에서 시험받으신 일, 그리고 지상에서 선포하시고 가르치시고 치유하신 사역을 포함하여 모든 활동, 즉 성육신하셔서 예수 그리스도로 사신 삶 전체가 고난의 삶이다.

예를 들면, 예수 그리스도는 마리아와 마르다와 나사로를 사랑하셨는데 나사로의 죽음에서 많은 고난(passion)을 느끼셨다. 예수 그리스도는 나사로가 죽었고 마리아가 우는 것과 조문객들이 우는 것을 보시고 "심령에 비통히 여기시고 불쌍히 여기셨다"(요 11:33). 표준새번역에서는 예수 그리스도께서 "마음이 비통하여 괴로워하셨다"라고 표현한다. 이어지는 구절에서는 이렇게 말씀한다 "예수께서 눈물을 흘리시더라"(요 11:35). 성육신으로 사람이 되신 예수님은 비통함과 괴로움을 느끼시고 눈물을 흘리시는 "패션"(passion), 다시 말해 고난의 삶을 사셨다. 그러므로 성육신하신 그의 삶 전체가 고난의 삶이었다.

그러한 고난의 삶이 가장 극심하게 나타난 것이 바

로 십자가사건(crucifixion)이다. 예수 그리스도는 이 사건이 있을 것임을 제자들에게 미리 알리셨다. "이때로부터 예수 그리스도께서 자기가 예루살렘에 올라가 장로들과 대제사장들과 서기관들에게 많은 고난을 받고 죽임을 당하고 제삼일에 살아나야 할 것을 제자들에게 비로소 나타내시니"(마 16:21). 그는 자신의 예고대로 대제사장과 장로들이 보낸 무리에 의해 잡히셨고 결박당하셨다. 또한 제자 유다에게 배신당하고 제자 베드로의 부인을 겪었으며 제자들이 다 도망가서 홀로 남으셔야 했다.

이후 총독 빌라도에게 넘겨지고 군병들에 의해 옷이 벗겨지고 홍포가 입혀지고 가시관이 머리에 쓰이고 갈대가 오른손에 들리고 온갖 희롱을 당하셨다. 침 뱉음을 당하고 갈대로 머리를 맞으시고 채찍에 맞으셨다. 십자가형을 선고받으시고, 유대인의 왕이라는 죄 패가 머리 위에 붙여지고, 온갖 모욕을 당하며 골고다로 끌려가셨으며, 마침내 십자가에서 못 박히셨다.

이때의 고난이 얼마나 극심하였는지 예수 그리스도

는 크게 소리 지르셨다. "'엘리 엘리 라마 사박다니' 하시니 이는 곧 '나의 하나님, 나의 하나님, 어찌하여 나를 버리셨나이까?' 하는 뜻이라"(마 27:46). 극도의 고난과 고통 속에서 예수 그리스도는 자신이 성부 하나님으로부터 버림을 받은 것처럼 느끼셨다. 이러한 느낌이 드실 만큼 그에게 고난이 극심하였다.

로고스(logos), 즉 말씀이 사람이 되어 성육신으로 나타나신 예수 그리스도의 삶 전체가 고난(pathos/passion)의 삶이지만 그 절정은 십자가사건에서의 죽음의 고난이다. 따라서 예수 그리스도에게는 로고스와 파토스가 공존한다. 이것이 바로 "십자가의 도(道)"(고전 1:18)이다. 여기서 도(道)는 로고스를 의미하며 십자가는 파토스를 가리킨다.

예수 그리스도가 고난, 즉 파토스(pathos) 및 패션(passion)의 삶을 사시기에 그는 또한 고난 중에 있는 자들과 함께 느끼실 수 있는 컴패션(compassion)의 삶을 사셨다. 컴패션은 함께(com)라는 말과 고난(passion)이라는 말이 합쳐진 단어로서 함께 느끼는 것을 의미한다. 컴패션은 공감(共感) 또는 긍휼(矜恤)로 번역되는데 긍휼은 또한 자비(慈悲, mercy)와도 연결된다. 따라서 예수 그리스도는 하나님 나라의 복음을 전하기 위해 다니면서 만나시는 사람들에게 공감하셨고 그들을 긍휼히 여기셨다. "예수께서 모든 도시와 마을에 두루 다니사 그들의 회당에서 가르치시며 천국 복음을 전파하시며 모든 병과 모든 약한 것을 고치시니라. 무리를 보시고 불쌍히 여기시니 이는 그들이 목자 없는 양과 같이 고생하며 기진함이라"(마 9:35-36). 여기서 "불쌍히 여기다"라는 동사가 그리스어로 "스플랑크니조마이"(σπλαγχνίζομαι, splangchnizomai)인데, 이것의 명사형 스플랑크논(σπλάγχνον, splangchnon)은 몸 안의 기관, 즉 창자 등을 가리키기에 마음속 깊이 느끼는 것을 뜻한다. 그래서 영어로 컴패션을 가지는 것(have compassion)으로 번역되고 있다.

마태복음 14장에서 예수 그리스도는 오병이어의 기적을 일으키셨다. 그러나 그는 자신의 힘이나 권능을 자랑하시고자 기적을 일으키신 것이 아니었다. 오히려 그는 "큰 무리를 보시고 불쌍히 여기사"(14절), 즉 그들에 대해 컴패션(compassion)을 가지셨고 그러한 공감 또는 긍휼의 마음으로 그들 중 병자들을 치유하셨으며 그들을 위해 기적을 베푸셨다. 마태복음 15장에서 칠병이어의 기적을 일으키실 때도 예수 그리스도는 "내가 무리를 불쌍히 여기노라"(32절)라고 제자들에게 말씀하시며 그들을 위하여 기적을 베푸셨다. 여기서도 불쌍히 여기는 것이 바로 컴패션(compassion)의 삶이다.

그리고 마태복음 20장에서 예수 그리스도는 길가에서 시각장애인 두 사람을 만나시고 이들을 "불쌍히 여기사"(34절) 그들의 눈을 만져주시고 눈을 뜨게 하셨다. 이러한 기적을 일으키신 것은 예수 그리스도께서 그들에 대해 컴패션(compassion)을 느끼셨기 때문이다. 이러한 기적들 외에도 예수 그리스도께서 하신 모든 일은 바로 그가 만나시는 사람들에 대해 공감 또는 긍휼을 지니셨기 때문에 일어난 것이다.

예수 그리스도가 고난, 즉 파토스(pathos) 및 패션 (passion)의 삶을 사셨고 고난 중에 있는 자들과 함께 느끼실 수 있는 컴패션(compassion)의 삶을 사셨기에 그는 또한 고난 중에 있는 사람들을 보듬고 돌보시는 위로(慰勞, consolation)의 삶을 사셨다. 그런 이유에서 고린도후서 1:5은 "그리스도의 고난이 우리에게 넘친 것 같이 우리가 받는 위로도 그리스도로 말미암아 넘치는도다"라고 말씀한다. 예수 그리스도는 고난을 겪으시는 분이시기에 또한 위로를 주시는 분이다.

여기서 위로가 "파라클레시스"(παράκλησις, paraklesis)이다. 파라클레시스는 "파라"(para)라는 말과 "칼레오"(kaleo)라는 동사의 명사형이 합쳐진 합성어이다. 파라는 "옆으로 함께"라는 뜻이며 "칼레오"는 부른다는 뜻이다. 그래서 파라클레시스는 누군가의 옆으로 부름을 받아 함께 있는 것을 의미한다. 이것이 바로 위로이다.

위로는 고난이나 고통을 당하는 자들 옆으로 부름을 받아 그들과 함께 있는 것이다. 위로를 행하는 자, 즉 위로를 위해 부름을 받아 함께 있는 자를 가리켜 "파라클레토스"(παράκλητος, parakletos)라고 하는데 이 단어가 성경에서 예수 그리스도를 가리키며 사용되었다. "나의 자녀들아, 내가 이것을 너희에게 씀은 너희로 죄를 범하지 않게 하려 함이라. 만일 누가 죄를 범하여도 아버지 앞에서 우리에게 대언자가 있으니 곧 의로우신 예수 그리스도시라"(요일 2:1). 여기서 대언자가 그리스어로 파라클레토스이다. 죄인을 위해 부름을 받아 옆에 와서 도와주되 구체적으로 대언하고 변호하고 옹호하는 자라는 의미이다. 그래서 영어로는 "애드보커트"(advocate)로 번역한다.

이렇게 예수 그리스도의 고난, 즉 파토스(pathos) 및 패션(passion)에는 수난(suffering), 공감과 긍휼(compassion), 위로(consolation)가 모두 있다. 예수 그리스도는 고난과 고통을 당하여 아픔을 겪으시며 고난 중에 있는 자들과 함께 느끼시고 고난 중에 있는 자들을 위로하시는 분이시다. 이렇게 예수 그리스도는 고난(passion)의 하나님이시다. 즉 파토스(pathos)의 하나님이시다. 그래서 예수 그리스도는 고난(passion)을 느끼실 수 있는 감동성(passibility)의 하나님이시다. 예수 그리스도는 고난을 느끼실 수 없는 무감동성(imapssibility)의 하나님이 아니시다.

3. 삼위일체 하나님의 고난(passio Trinitatis)

하나님이신 로고스, 즉 말씀이 성육신하여 나타나신 예수 그리스도가 고난의 삶을 사셨다는 것은 로고스이신 말씀 자체, 즉 성자 하나님께는 자신 밖을 향해 고난(pathos/passion)을 느끼실 수 있는 감동성이 있음을 의미한다. 더 나아가 성자 하나님께 그러한 감동성이 있다는 것은 페리코레시스, 즉 상호내주의 관계 안에서 공동체로서 교제의 삶을 사시는 삼위일체 하나님 자체에 감동성이 있음을 의미한다.

　　다만 삼위일체 하나님께서 감동성을 행사하는 방식에는 각각 다양성의 모습이 있다. 현대 독일 신학자 위르겐 몰트만(Jürgen Moltmann, 1926-)은 십자가 사건에 주목하여 예수 그리스도의 고통, 성부 하나님의 공감, 성령 하나님의 참여를 발견하였다. 십자가에 달리신 하나님은 성자 하나님이신 예수 그리스도이며, 성부 하나님은 성자 하나님의 고통을 공감하신 것이고, 성령 하나님은 성부와 성자 사이의 아픔에 참여하신다고 보았다. 이런 점에서 몰트만은 십자가 사건은 삼위일체적 사건이라고 여겼다.[1] 그러나 십자가 사건만이 아니라 예수 그리스도의 모든 삶이 삼위일체적 사건이다.

십자가 사건에서 고난을 받고 죽음을 당하신 분은 성자 하나님이시지만, 성자 하나님의 고난과 고통이 성부 하나님께는 공감으로, 성령 하나님께는 성부와 성자의 아픔에 참여하는 것으로 나타난다. 이런 점에서 성자 하나님뿐만 아니라 성부 하나님과 성령 하나님께도 감

---

1   위르겐 몰트만 지음, 김균진 옮김, 『십자가에 달리신 하나님 - 그리스도교 신학의 근거와 비판으로서의 예수의 십자가』(서울: 대한기독교서회, 2017), 357-366.

동성이 있음을 알 수 있다. 다만 성자 하나님의 경우에는 성육신으로 이 땅에서 고난의 삶을 사시고 십자가 사건에서 죽음의 고난을 당하신 수난의 삶으로서의 감동성이지만, 성부 하나님은 공감의 삶으로서, 그리고 성령 하나님은 아픔에 참여하는 삶으로서의 감동성이다. 그리고 이러한 감동성으로 인해 성자 하나님께 공감 또는 긍휼이 있고 위로가 있는 것처럼 성부 하나님과 성령 하나님께도 공감 또는 긍휼과 위로가 있다.

성부 하나님과 관련하여 고린도후서 1:3-4은 다음과 같이 말씀한다. "찬송하리로다! 그는 우리 주 예수 그리스도의 하나님이시요 자비의 아버지시요 모든 위로의 하나님이시며 우리의 모든 환난 중에서 우리를 위로하사 우리로 하여금 하나님께 받는 위로로써 모든 환난 중에 있는 자들을 능히 위로하게 하시는 이시로다." 예수 그리스도의 하나님이신 성부 하나님은 자비와 위로의 하나님이시다.

여 기 서 위 로 는 그 리 스 어 로 "파 라 클 레 시스"(παράκλησις, paraklesis)이다. 그리고 자비는 그리스어로 "오이크티르모스"(οἰκτιρμός, oiktirmos)로서 공감 및 긍휼 (compassion/mercy)을 의미한다. 그러기에 성부 하나님은 우리에게 위로를 주시며 우리를 위로하시는 분이시다. "우리 주 예수 그리스도와 우리를 사랑하시고 영원한 위로와 좋은 소망을 은혜로 주신 하나님 우리 아버지께서 너희 마음을 위로하시고 모든 선한 일과 말에 굳건하게 하시기를 원하노라"(살후 2:16-17).

또한 예수 그리스도께서는 성령 하나님을 가리켜 "또 다른 보혜사"라고 하셨다. "내가 아버지께 구하겠으니 그가 **또 다른 보혜사**를 너희에게 주사 영원토록 너희와 함께 있게 하리니"(요 14:16). 여기서 보혜사를 가리키는 그리스어가 "파라클레토스"(παράκλητος, parakletos)인데 부름을 받아 옆에 함께 있는 자, 즉 위로자, 변호자, 상담자 등을 의미한다.

그러므로 성령 하나님은 우리의 연약함을 도우시는 분이시며 함께 탄식하시며 간구하시는 분이시다. "이와 같이 성령도 우리의 연약함을 도우시나니 우리는 마땅히 기도할 바를 알지 못하나 오직 성령이 말할 수 없는 탄식으로 우리를 위하여 친히 간구하시느니라"(롬 8:26-27).

이러한 관점에서 우리는 구약성경에서 드러난 하나님에게서 감동성의 모습을 발견할 수 있다. 시편에서는 "내가 알거니와 여호와는 고난당하는 자를 변호해 주시며 궁핍한 자에게 정의를 베푸시리이다"(시 140:12)라고 말씀한다. 구약의 하나님은 고난받는 자를 변호해 주시는 분이시다.

가장 대표적인 예가 출애굽 사건이다. 하나님은 이스라엘 노예의 고난과 고통의 소리를 들으시는 하나님이시다. 출애굽기 3장에서 하나님께서 모세를 부르셔서 본격적으로 출애굽을 하도록 하시는데 이렇게 하시는 하나님의 마음이 출애굽기 2장 마지막에 나와 있다.

그것은 고된 노동으로 탄식하고 부르짖는 이스라엘 노예들의 고난에 함께하시고자 하는 마음이다. "여러

해 후에 애굽 왕은 죽었고 이스라엘 자손은 고된 노동으로 말미암아 탄식하며 부르짖으니 그 고된 노동으로 말미암아 부르짖는 소리가 하나님께 상달된지라. 하나님이 그들의 고통 소리를 들으시고 하나님이 아브라함과 이삭과 야곱에게 세운 그의 언약을 기억하사 하나님이 이스라엘 자손을 돌보셨고 하나님이 그들을 기억하셨더라"(출 2:23-25).

구약성경 이사야서에서는 더욱 분명하게 공감/긍휼 및 위로의 하나님에 관해 말한다. 하나님은 하나님의 백성을 위로하시는 분이시며 고난 중에 있는 자를 긍휼히 여기시는 분이시다. "하늘이여, 노래하라. 땅이여, 기뻐하라. 산들이여, 즐거이 노래하라. 여호와께서 그의 백성을 위로하셨은즉 그의 고난 당한자를 긍휼히 여기실 것임이라. 오직 시온이 이르기를 '여호와께서 나를 버리시며 주께서 나를 잊으셨다' 하였거니와 여인이 어찌 그 젖 먹는 자식을 잊겠으며 자기 태에서 난 아들을 긍휼히 여기지 않겠느냐? 그들은 혹시 잊을지라도 나는 너를 잊지 아니할 것이라"(사 49:13-15).

여기서 "긍휼히 여기다"라는 히브리어 동사는 "라함"(רחם)인데 이것의 명사형 "레헴"(רחם)은 어머니의 자궁/태를 의미하는 단어이다. 어머니가 자신의 태에서 난 자녀를 긍휼히 여기는 것처럼 하나님께서도 하나님의 백성을 긍휼히 여기실 것이라고 말씀한다.

4. 삼위일체 하나님의 사랑에 대한 확신

삼위일체 하나님은 인간의 고통과 고난에 대해 무감각하거나 냉담하지 않으시고, 고난 중에 있는 자들과 함께 느끼시며 그들을 긍휼히 여기시고 위로하신다. 이를 통해 우리로 하여금 위로를 받아 믿음의 여정을 계속할 수 있도록 힘주시는 하나님이시다.

로마서 8:26에 따르면 성령 하나님은 인간의 연약함을 도우시며 간구하시는 하나님이시다. "이와 같이 성령도 우리의 연약함을 도우시나니 우리는 마땅히 기도

할 바를 알지 못하나 오직 성령이 말할 수 없는 탄식으로 우리를 위하여 친히 간구하시느니라"(롬 8:26).

그런데 이러한 성령 하나님의 간구에는 단지 성령 하나님만이 계시는 것이 아니다. 27절에서처럼 성부 하나님께서도 참여하신다. "마음을 살피시는 이가 성령의 생각을 아시나니 이는 성령이 하나님의 뜻대로 성도를 위하여 간구하심이니라"(롬 8:27). 성령 하나님은 성부 하나님의 뜻대로 간구하시기 때문에 성령 하나님의 간구에는 성부 하나님께서도 함께 참여하신다.

더 나아가 34절에서처럼 성자 하나님이신 예수 그리스도가 함께 간구하신다. "누가 정죄하리요? 죽으실 뿐 아니라 다시 살아나신 이는 그리스도 예수시니 그는 하나님 우편에 계신 자요 우리를 위하여 간구하시는 자시니라"(롬 8:34).

삼위일체 하나님은 바로 이러한 분이시므로 우리가 더욱 하나님의 사랑을 확신할 수 있다. 그래서 우리는 로마서 8:38-39처럼 분명한 확신을 가질 수 있다. "내가 확신하노니 사망이나 생명이나 천사들이나 권세자들이나 현재 일이나 장래 일이나 능력이나 높음이나 깊음이나 다른 어떤 피조물이라도 우리를 우리 주 그리스도 예수 안에 있는 하나님의 사랑에서 끊을 수 없으리라"(롬 8:29-30).

V

신비
(뮈스테리온)

예수 그리스도와의 만남, 변화, 연합, 교제

◇◇◇◇◇◇◇◇

²⁶이 **비밀**은 만세와 만대로부터 감추어졌던 것인데
이제는 그의 성도들에게 나타났고
²⁷하나님이 그들로 하여금 이 **비밀**의 영광이 이방인 가운데
얼마나 풍성한지를 알게 하려 하심이라.
이 **비밀**은 너희 안에 계신 그리스도시니 곧 영광의
소망이니라(골 1:26-27).

¹내가 너희와 라오디게아에 있는 자들과 무릇
내 육신의 얼굴을 보지 못한 자들을 위하여 얼마나 힘쓰는지를
너희가 알기를 원하노니 ²이는 그들로 마음에 위안을 받고
사랑 안에서 연합하여 확실한 이해의 모든 풍성함과
하나님의 **비밀**인 그리스도를 깨닫게 하려 함이니
³그 안에는 지혜와 지식의 모든 보화가 감추어져 있느니라
(골 2:1-3).

◇◇◇◇◇◇◇◇

1. 신비(뮈스테리온)

성경에서 "신비"(神祕) 또는 "비밀"(秘密)로 번역되는 단어는 그리스어로 "뮈스테리온"(μυστήριον, mysteion)이며 영어로는 "미스터리"(mystery)이다. 라틴어로는 "미스테리움"(mysterium) 또는 "사크라멘툼"(sacramentum)이다.

　일상적인 의미에서 신비 또는 비밀은 감추어져 있어서 알려지지 않은 것, 그래서 사람들이 잘 알지 못하는 것을 가리킨다. 그런데 성경에서 많은 경우에 신비 또는 비밀은 핵심적으로 예수 그리스도를 가리킨다. 신약성경 골로새서 1:27은 "이 비밀은 너희 안에 계신 그리스도시니"라고 말한다. 그리고 골로새서 2:2은 "하나님의 비밀인 그리스도"라고 말한다. 여기서 비밀은 우리가 알지 못하는 어떤 것을 의미하지 않고 우리에게 계시되어 나타나고 드러나고 알려진 예수 그리스도를 가리킨다.

　그리고 디모데전서 3:16에서 경건의 비밀은 성육신을 포함한 예수 그리스도의 삶 전체를 가리킨다. "크도다 경건의 비밀이여, 그렇지 않다 하는 이 없도다. 그는 육신으로 나타난 바 되시고 영으로 의롭다 하심을 받으시고 천사들에게 보이시고 만국에서 전파되시고 세상에서 믿은 바 되시고 영광 가운데서 올려지셨느니라"(딤전 3:16).

성경에서 신비 또는 비밀은 예수 그리스도를 가리키고 그의 삶 전체를 가리킬 뿐만 아니라 그가 선포하신 천국 및 하나님 나라를 가리킨다. 이런 의미에서 예수 그리스도께서 "천국의 비밀"(마 13:11) 또는 "하나님 나라의 비밀"(막 4:11; 눅 8:10)을 말씀하셨다. 여기서 비밀이 "뮈스테리온"인데, 예수 그리스도께서 선포하신 천국 복음 또는 하나님 나라 복음을 가리킨다. 복음(福音)은 그리스어로 "유앙겔리온"(εὐαγγέλιον, euaggelion)이며 라틴어로 "에반겔리움"(evangelium)이다. 영어로는 "가스펠"(gospel)이며 좋고 기쁜 소식(good news)을 의미한다.

좋고 기쁜 소식으로서의 복음은 온 세상의 구원과 관련된다. 로마서 11장에서는 신비가 이스라엘의 구원과 관련되어 있다. "형제들아, 너희가 스스로 지혜 있다 하면서 이 신비를 너희가 모르기를 내가 원하지 아니하노니 이 신비는 이방인의 충만한 수가 들어오기까지 이스라엘의 더러는 우둔하게 된 것이라. 그리하여 온 이스라엘이 구원을 받으리라"(롬 11:25-26).

그리고 로마서 16장에서는 신비가 모든 민족의 믿음, 순종, 구원과 관련되어 있다. "나의 복음과 예수 그리스도를 전파함은 영세 전부터 감추어졌다가 이제는 나타내신 바 되었으며 영원하신 하나님의 명을 따라 선지자들의 글로 말미암아 모든 민족이 믿어 순종하게 하시려고 알게 하신 바 그 신비의 계시를 따라 된 것이니 이 복음으로 너희를 능히 견고하게 하실 지혜로우신 하나님께 예수 그리스도로 말미암아 영광이 세세무궁하도록 있을지어다 아멘"(롬 16:25-27).

요약하면 성경에서 신비 또는 비밀은 핵심적으로 예수 그리스도를 가리키며 성육신의 삶 전체를 가리킨다. 그리고 성경에서 신비 또는 비밀은 예수 그리스도께서 선포하신 천국과 하나님 나라, 또는 천국 복음과 하나님 나라 복음을 가리키며, 또한 복음에 따라 이루어지는 하나님의 구원을 가리킨다.

2. 계시의 신비인 예수 그리스도와의 만남과 변화

성경에서 신비 또는 비밀은 본래 감추어졌던 것이기는 하지만 여전히 감추어져 있어서 우리가 전혀 알지 못하는 어떤 것이 아니다. 이런 점에서 성경에서 신비는 계시(啓示, revelation)와 관련이 있다. 계시는 나타남, 드러남, 알려짐을 의미한다. 성경에서 신비는 계시의 신비이다. 그런데 계시되어 나타나고 드러나고 알려지지만 신비이기를 중단하지는 않는다. 계시 중에도 여전히 신비이다. 그렇다고 이 신비는 우리가 여전히 알지 못하여 모르는 것이 아니다.

성경에서 계시의 신비 또는 계시의 비밀의 핵심이 예수 그리스도인 이유는 예수 그리스도와의 만남을 통해 우리가 겪는 신비한 경험, 즉 철저한 변화를 경험하기 때문이다. 한편으로, 예수 그리스도를 만나면 그를 알아가면서도 여전히 그에 대해 모르는 부분들이 있다. 예수 그리스도를 믿는다고 해서 그를 전부 다 아는 것이 아니다. 오히려 믿음이 깊어질수록 계속 새롭게 알아간다.

예수 그리스도에 관하여 지금 믿고 아는 것 이상의 새로움이 계속 열리고 다가온다. 다른 한편으로, 예수 그리스도를 만나면 우리 자신이 기존에 가지고 있는 인식이 그대로 드러나고 깨어지고 새로워지는 것을 경험한다. 우리 자신의 이전의 세계관이 흔들리고 새로운 세계관으로 계속 바뀌는 것을 경험한다. 그래서 우리 자신이 새로운 존재가 되며 온 세계의 존재가 새롭게 바뀜을 경험한다.

이렇게 예수 그리스도를 만나면 한편으로 그를 믿고 알아가는 점에서 계속 새로운 변화를 겪으며, 다른 한편으로 우리 자신의 인식과 존재가 계속 새로운 변화를 겪는다. 예수 그리스도와의 만남에서 우리가 이러한 철저한 변화를 겪기 때문에 예수 그리스도는 우리에게 계시되는 중에서도 계속 신비이고 비밀이시다. 다시 말해 그는 계시의 신비이시고 계시의 비밀이시다.

요한복음 4장에는 예수 그리스도를 만난 사마리아 여인의 이야기가 나온다. 그는 인간관계에 대한 많은 상처로 인해 사람들을 만나고 싶지 않은 마음이었다. 물은 삶에 필수적이라서 물동이를 가지고 우물로 왔지만 사람들이 거의 나오지 않는 시간에 왔다. 예수 그리스도는 이런 그녀와의 만남을 위해 유대에서 갈릴리로 가실 때 의도적으로 사마리아를 지나셨다. 수가라는 동네에서 우물로 가셔서 기다리셨고 그가 오자 말을 거셨다.

사마리아 여인은 처음에 예수님을 한 유대인 남자로 인식하였기 때문에 만남을 피하고자 하였다(9절). 그러나 대화가 진행되면서 예수님이 그의 삶의 문제와 아픔을 파악하고 계심을 알게 되어 예수님을 예언자로 인식하게 되었다(19절). 그런 다음 영과 진리로 드리는 참된 예배에 관한 예수님의 가르침을 듣고 사마리아에서 예배를 드리는 자신의 구원 문제가 해결됨을 알게 되었고 예수님이 그리스도이심을 발견하였다(25-26절).

이러한 과정에서 사마리아 여인은 예수님에 대한 인식이 계속 새로워졌다. 동시에 자신의 상처가 드러나고 치유되고 회복되는 것을 경험하였다. 그래서 그는 철저하게 바뀌고 변화되었다. 그러기에 사마리아 여인은 자신이 들고 온 물동이를 버려두고 오히려 마을 안으로 들어가 사람들을 찾아다니며 "와서 보라. 이는 그리스도가 아니냐"(29절)라고 외치며 전하였다.

이렇게 예수 그리스도와의 만남을 통해 사마리아 여인은 철저히 변화되었다. 예수님에 대한 자신의 인식이 계속 새로워졌고 자신의 내면의 아픔과 문제가 드러나고 치유되고 회복되었다. 그러기에 사마리아 여인에게 예수 그리스도는 신비, 즉 계시의 신비이시다.

그리고 요한복음 9장에는 날 때부터 시각장애인이 된 사람의 이야기가 있다. 시각장애인으로 태어나서 길에서 걸인으로 비참하게 구걸하며 고난의 삶을 살아가고 있었다. 예수님을 만나 자신의 삶에 관하여 새로운 비전을 발견하였고 실로암에서 눈이 밝아지는 기적을 통해 세상을 보게 되었다.

이러한 일이 있었던 후로 유대인들이 그 이유를 묻자 그는 "예수라 하는 그 사람"(11절)으로 말미암아 눈을 뜨게 되었다고 대답하였다. 그 이후 바리새인들이 자기들끼리 논쟁하던 중에 그에게 "너는 그를 어떠한 사람이라 하느냐?"라고 물었고 그는 "선지자니이다"(17절)라고 대답하였다. 유대인들에게 그에게 다시 묻자 그는 "이 사람이 하나님께로부터 오지 아니하였으면 아무 일도 할 수 없으리이다"(33절)라고 답하였다. 그는 이렇게 대답하고서 유대인들에 의해 출교를 당하여 사회에서 쫓겨나는 신세가 되었다. 그런 그에게 예수님이 찾아오셔서 "네가 인자를 믿느냐?"(35절)라고 물으셨고 그는 "주여, 내가 믿나이다 하고 절하"였다(38절). 말하자면 예수님을 믿음과 예배의 대상으로 인식하였다는 것이다.

이러한 과정에서 날 때부터 시각장애인이었던 사람

은 자신의 모든 문제가 완전히 해결되었다. 그는 눈이 밝아져 세상을 보게 되었을 뿐만 아니라 "그에게서 하나님이 하시는 일을 나타내고자 하심이라"(3절)라는 예수님의 말씀을 듣고 자신의 삶을 완전히 새롭게 보게 되었다. 그는 자신의 삶이 더 이상 비참하고 정죄당하는 삶이 아니라 하나님의 일이 드러나는 목적과 비전의 삶임을 깨닫게 되었고, 유대인들과 바리새인들에게 자신에게 일어났던 사실을 있는 그대로 말할 수 있었다. 그의 부모는 출교당할 것을 두려워하여 사실을 있는 그대로 말하지 못하는 엄중한 상황이었지만, 그는 진실을 있는 그대로 말할 수 있었다.

이렇게 예수 그리스도와의 만남을 통해 그는 철저히 변화되었다. 예수님에 대한 자신의 인식이 계속 새로워졌고 자신의 삶에 닥친 아픔과 문제가 온전히 치유되고 회복되었으며 새롭게 주어진 삶에서 사실과 진실을 그대로 증언할 수 있게 되었다. 그러므로 그에게 예수 그리스도는 신비, 즉 계시의 신비이시다.

예수 그리스도가 신비이심은 예수님을 처음 만난 자들에게서뿐만 아니라 여러 해 동안 예수 그리스도를 따라다닌 자들에게서도 계속 경험된다. 심지어 베드로처럼 예수님을 그리스도로 이미 고백하고 가까이서 따라가는 자들에게서도 계속 경험된다. 예수 그리스도가 신비이시기 때문이다.

마태복음 16장에서 예수 그리스도는 "너희는 나를 누구라 하느냐?"(15절)라고 제자들에게 물으셨다. 이에 베드로는 "주는(당신은) 그리스도시요 살아 계신 하나님의 아들이시니이다"(16절)라고 대답하였고 칭찬을 받았다. 그리고 예수 그리스도는 베드로에게 다음과 같이 말씀하시며 어마어마한 권세를 주셨다. "너는 베드로라. 내가 이 반석 위에 내 교회를 세우리니 음부의 권세가 이기지 못하리라. 내가 천국 열쇠를 네게 주리니 네가 땅에서 무엇이든지 매면 하늘에서도 매일 것이요 네가 땅에서 무엇이든지 풀면 하늘에서도 풀리리라"(18-19절).

이렇게 베드로는 예수님이 그리스도시라고 고백하

였으나 그리스도가 어떠한 분이신지에 대해서는 자기 방식대로 이해하고 있었다. 이러한 이해가 예수님의 수난 예고 사건을 계기로 드러났다. 수난 예고에 대해 베드로는 예수 그리스도를 붙들고 항변하면서 "주여, 그리 마옵소서 이 일이 결코 주께 미치지 아니하리이다"(22절)라고 말하였다. 그러자마자 예수 그리스도는 베드로에게 다음과 같이 말씀하셨다. "사탄아, 내 뒤로 물러가라. 너는 나를 넘어지게 하는 자로다. 네가 하나님의 일을 생각하지 아니하고 도리어 사람의 일을 생각하는도다"(23절).

베드로는 예수님을 그리스도로 고백하였으면서도 예수님으로부터 "사탄아"라고 책망받았다. 왜냐하면 그는 예수 그리스도께서 가시는 길을 막아서고 넘어지게 하는 자가 되었기 때문이다. 여기서 "넘어지게 하는 자"가 그리스어로 "스칸달론"($\sigma\kappa\acute{\alpha}\nu\delta\alpha\lambda o\nu$, skandalon)인데 여기에서 나온 영어가 "스캔들"(scandal)이다. 곧 어떤 이의 앞길을 막아버리는 걸림돌(a stumbling block)을 의미한다.

베드로가 예수 그리스도께서 앞으로 가실 고난의 길을 막아서고 넘어지게 하는 자가 되는 이유는 그가 하나님의 일을 생각하는 것이 아니라 사람의 일, 즉 자신의 인간적인 일을 생각하고 있었기 때문이었다. 그는 예수님을 그리스도로 고백하면서도 자신이 바라고 원하는 방식대로 생각하였다. 그는 교회의 반석이 되고 음부의 권세를 이기며 천국 열쇠를 가진 엄청난 힘과 권력을 지닌 자가 되기를 기대하였다. 그런데 예수 그리스도께서 수난을 예고하시자 자신의 기대가 그대로 드러나고 완전히 깨어진 것이다.

그러므로 예수 그리스도는 제자들에게 "누구든지 나를 따라오려거든 자기를 부인하고 자기 십자가를 지고 나를 따를 것이니라"(24절)라고 말씀하셨다. 예수 그리스도는 그를 믿고 고백하고 따르는 길은 힘과 권력의 길이 아니라 고난의 길이며 자신을 부인하고 자기 십자가를 지는 길임을 분명히 알려 주셨다. 이를 통해 베드로는 예수 그리스도를 믿고 따르는 길에서 예수님이 그리스도이심을 새롭게 깨달았고, 또한 자신의 이전 생각이 잘못되었음을 발견하고 새로운 믿음의 길로 나아갈 수 있었다. 그리하여 그는 자신의 인생의 마지막 길에서 십자가를 거꾸로 지면서 갈 수 있었다.

사마리아 여인, 날 때부터 시각장애인이었던 사람, 제자 베드로 모두 예수 그리스도와의 만남을 통해 철저하게 근본적으로 변화되었다. 그들 모두 예수 그리스도에 대한 이해가 새롭게 바뀌었고, 또한 사회와 세계를 바라보는 인식이 바뀌었으며, 아울러 인간 자신을 바라보는 인식이 바뀌었다. 이러한 인식을 바탕으로 세상이 근본적으로 달라 보이기 때문에 존재론 자체에서도 변화가 일어난다.

이런 점에서 우리에게 계시되어 나타나고 드러나고 알려지신 예수 그리스도는 신비이시고 비밀이시다. 예수 그리스도와의 만남을 통해 이러한 철저한 변화들이 일어나기 때문에 예수 그리스도를 신비와 비밀로 여기는 것이다. 예수 그리스도의 삶 전체가 신비와 비밀이며, 예

수 그리스도가 선포하는 천국 복음과 하나님 나라 복음
이 신비와 비밀이다.

예수 그리스도와의 만남을 통해 우리 자신의 인식
론과 존재론까지 철저하게 변화되는 신비스러운 사건이
펼쳐진다. 이러한 일은 성경의 많은 이야기에서 일어날
뿐만 아니라 예수 그리스도를 믿는 모든 자에게 일어날
수 있다. 더 나아가 한평생 신앙생활을 한다고 하여도 이
러한 일이 계속 일어날 수 있다.

3. 삼위일체 하나님의 성례의 신비를 통한 연합과 교제

신비 또는 비밀이 라틴어로 "미스테리움"(mysterium) 또
는 "사크라멘툼"(sacramentum)인데 사크라멘툼은 또한
"성례"(聖禮, sacrament)라는 의미를 지닌다. 성례를 영어로
"사크라멘트"(sacrament)라고 한다. 성례는 "보이지 않는
하나님의 은혜를 보여주는 가시적인 표지"(the visible sign
of the invisible grace) 또는 "가시적으로 보이는 하나님의 말

씀"(the visible word of God)이라고 정의된다.[1]

하나님의 말씀이신 예수 그리스도께서 가시적으로 보이는 하나님의 말씀, 즉 성례를 친히 제정하셨다. 바로 세례(洗禮, baptism)와 성찬(聖餐, eucharist, holy communion)이다. 삼위일체 하나님의 이름으로 베풀어지는 세례는 계시의 신비이신 예수 그리스도와의 연합(union with Christ)을 이루는 것이며, 성찬은 떡과 잔을 통해 계시의 신비이신 예수 그리스도와 연합함으로써 삼위일체 하나님과의 교제(koinonia; communion with the Trinity)에 참여하는 것이다.

예수 그리스도께서는 마태복음 28:18-20의 지상명령(至上命令) 또는 대위임령(大委任令; The Great Commission)에서 "아버지와 아들과 성령의 이름으로 세례를 베풀"라고 말씀하시며 세례를 친히 제정하셨다. 여기서 이름은

---

1   밀리오리, 『기독교조직신학개론 - 이해를 추구하는 신앙(개정3판)』,
     484-485.

그리스어로 "오노마"(ὄνομα, onoma)이고 라틴어로는 "노멘"(nomen)인데 단수형으로 되어 있다. 성부와 성자와 성령이 세 다른 신들이라면 이름들이라는 복수형이 사용되었을 것이다. 이름이 단수형으로 되어 있다는 것은 성부와 성자와 성령이 하나의 이름을 지니고 있음을 의미하며 내적인 일치를 이룸을 암시한다. 이런 점에서 세례는 삼위일체 하나님의 이름으로 이루어지는 성례다.

이것은 삼위일체 하나님의 이름으로 이루어지는 성례인데 여기서 "~으로"에 해당하는 그리스어 전치사는 "에이스"(εἰς, eis)로서 영어로는 "인투"(into)의 뜻을 지닌다. "에이스"라는 전치사는 장소, 시간, 목적, 관계 등과 관련되는데 여기서는 긴밀한 관계를 의미한다. 말하자면 세례를 받는 자가 세례를 통해 삼위일체 하나님과 긴밀한 관계를 맺게 되는 것을 함의한다. 이런 점에서 세례는 삼위일체 하나님의 성례라고 할 수 있다.

세례는 삼위일체 하나님과 긴밀한 관계를 맺는 것인데 이것의 본질적 핵심은 예수 그리스도와 합하는 것이다. 다시 말해 예수 그리스도와의 연합(union with Jesus Christ)을 이루는 것이다. 예수 그리스도로(eis) 세례를 받는다는 것(롬 6:3; 갈 3:27), 또는 예수 그리스도의 이름으로(eis) 세례를 받는다는 것(행 8:16; 19:5)은 바로 세례를 통해 죄의 용서가 주어질 뿐만 아니라 더 나아가 예수 그리스도와 연합을 이룬다는 것을 의미한다.

예수 그리스도와의 연합을 갈라디아서 3:27에서는 예수 그리스도를 옷 입는 것으로 표현한다. "누구든지 그리스도와 합하기 위하여 세례를 받은 자는 그리스도로 옷 입었느니라."

그리고 세례를 통한 예수 그리스도와의 연합은 예수 그리스도의 죽음과 연합하여 예수 그리스도와 함께 죽는다는 것을 의미할 뿐만 아니라 예수 그리스도의 부활과 연합하여 예수 그리스도와 함께 부활하리라는 것을 의미한다. "무릇 그리스도 예수와 합하여 세례를 받은 우리는 그의 죽으심과 합하여 세례를 받은 줄을 알지 못하느냐? 그러므로 우리가 그의 죽으심과 합하여 세례를 받음으로 그와 함께 장사되었나니 이는 아버지의 영광으로 말미암아 그리스도를 죽은 자 가운데서 살리심과 같이 우리로 또한 새 생명 가운데서 행하게 하려 함이라. 만일 우리가 그의 죽으심과 같은 모양으로 연합한 자가 되었으면 또한 그의 부활과 같은 모양으로 연합한 자도 되리라"(롬 6:3-5). "너희가 세례로 그리스도와 함께 장사되고 또 죽은 자들 가운데서 그를 일으키신 하나님의 역사를 믿음으로 말미암아 그 안에서 함께 일으키심을 받았느니라"(골 2:12).

그리고 예수 그리스도께서는 십자가에서 죽음의 고난을 받으시기 전에 사랑하시는 제자들과 함께 마지막 식사, 즉 성찬을 하셨다(마 26:26-29; 막 14:22-25; 눅 22:14-20; 고전 11:23-25). 그는 떡을 떼어 나눠주시며 "이것은 너희를 위하는 내 몸이니 이것을 행하여 나를 기념하라"(고전 11:24)라고 말씀하셨고, 잔을 나눠주시며 "이 잔은 내 피로 세운 새 언약이니 이것을 행하여 마실 때마다 나를 기념하라"(고전 11:25)라고 말씀하셨다. 이를 통해 예수 그리스도는 성찬을 친히 제정하셨다.

성찬을 "유카리스트"(eucharist)라고 표현한다. 이것은 예수 그리스도께서 떡과 잔을 가져 "감사 기도 하시고"(눅 22:17, 19), 또는 "축사하시고"(고전 11:24)라고 표현된 구절에서 사용된 동사 "유카리스테오"(εὐχαριστέω, eucharisteo)에서 나온 명사형 "유카리스티아"(εὐχαριστία, eucharistia)로서 감사의 의미를 지닌다.

성찬에서 예수 그리스도를 기념한다는 것은 무슨 의미인가? 기념은 그리스어로 "아남네시스"(ἀνάμνησις, avamnesis)인데, 이것은 기억, 회상, 상기 등등을 의미한다. 단지 과거에 대한 어떤 기억이라기보다는 예수 그리스도가 지금 여기에 현존하고 계심을 생생하게 느끼고 체험하는 기념이다. 무엇보다도 예수 그리스도의 삶 전체를 돌아보면서 우리를 위한 그의 죽음을 선포하는 것이다. "너희가 이 떡을 먹으며 이 잔을 마실 때마다 주의 죽으심을 그가 오실 때까지 전하는 것이니라"(고전 11:26).

이를 통해 십자가에서의 죽음의 고난, 그리고 고난

중에 있는 자들과 함께하셨던 공감과 긍휼과 자비, 또한 그들을 돌보시던 위로를 기념하는 것이다. 더 나아가 예수 그리스도는 본래 하나님이신 로고스, 즉 말씀이신데, 그가 사람이 되어 성육신하셔서 고난의 삶을 사셨음을 기념하는 것이다. 또한 예수 그리스도가 성자 하나님으로서 성부 하나님, 그리고 성령 하나님과 함께 삼위일체 하나님이심을 기념하는 것이다.

성찬을 "커뮤니온"(communion) 또는 "거룩한 커뮤니온"(holy communion)이라고 표현하는데, 이는 라틴어 "코무니오"(communio)에서 유래한 단어로서 "함께"(com) "하나"(unio)를 이루는 모습을 의미한다. 이 단어가 그리스어로 "코이노니아"(κοινωνία, koinonia)인데, 교제, 친교, 사귐, 연합, 일치 등을 의미하면서 삼위일체 하나님의 "코무니오"와 "코이노니아"를 가리킨다.

커뮤니온 또는 코이노니아는 성도의 교제(the communion/koinonia of saints)라는 교회의 개념에도 적용되지만, 이것은 어디까지나 하나님의 부르심을 받아 믿음 안에서 살아가는 사람들에게 파생적으로 적용된 의미이다. 커뮤니온 또는 코이노니아의 가장 근원적인 원형은 바로 삼위일체 하나님의 모습이다. 성부 하나님과 성자 하나님과 성령 하나님께서 상호 관계 속에서 하나의 공동체를 이루시며 교제와 친교, 즉 코이노니아의 삶을 누리시는 모습을 가리킨다.

계시의 신비이신 예수 그리스도와의 만남을 통해 우리는 철저한 변화를 경험하는데, 우리는 세례를 통해 예수 그리스도와 연합을 이루어 그의 죽으심과 함께 죽을 뿐만 아니라 또한 그의 부활과 함께 부활할 것을 기대한다. 세례를 통해 예수 그리스도와 연합한 자는 그의 떡을 먹고 잔을 마시면서 삼위일체 하나님의 교제에 참여한다.

VI

영성
(프뉴마티)

성령 하나님을 따라 걷고 사는 삶

◇◇◇◇◇◇◇◇◇◇

¹⁶내가 이르노니 너희는 **성령을 따라 행하라**.
그리하면 육체의 욕심을 이루지 아니하리라.
¹⁷육체의 소욕은 성령을 거스르고 성령은 육체를 거스르나니
이 둘이 서로 대적함으로 너희가 원하는 것을 하지 못하게
하려 함이니라(갈 5:16-17).

◇◇◇◇◇◇◇◇◇◇

1. 영성(프뉴마티)

최근 들어 영성이라는 용어를 자주 접할 수 있다. 이 단
어 자체는 성경에 등장하지 않으나 이 단어가 가리키는
개념이 성경 안에 있다면 얼마든지 성경적인 용어로 여
겨질 수 있다. 그런데 요즘 많이 사용되고 있는 영성의
정의는 매우 포괄적이고 광범위하여 일반적인 자기초월
의 경험(an experience of self-transcendence)과 관련되는 것으
로 여겨진다.[1]

그러나 성경에서 영성은 성령 하나님과 직접적인 관
련이 있다. 영성은 영어로 "스피리추얼러티"(spirituality)
인데 "스피리트"(spirit)에서 만들어진 단어이다. 스피
리트는 영(靈, spirit)을 의미하며 그리스어로는 "프뉴
마"(πνεῦμα, pneuma)다. 그리스어로 거룩한 영을 뜻하는

---

[1] 샌드라 슈나이더스 외 지음, 권택조 외 옮김, 『기독교 영성 연구』(서울: CLC, 2017).

"프뉴마 하기온"(πνεῦμα ἅγιον, pneuma hagion)으로도 표현
되는데, 이는 성령(聖靈, Holy Spirit)을 가리킨다.

따라서 성경적인 개념의 영성은 성령 하나님과 관
련된 삶을 의미한다. 갈라디아서 5:16에서는 "성령을 따
라 행하라"(walk by the Spirit)라고 말씀한다. 여기서 쓰인
그리스어 동사는 "페리파테오"(περιπατέω, peripateo)인데
"걷다"(walk)라는 뜻이다. 그러므로 "성령을 따라 행하
라"라는 말은 성령을 따라 걸어가는 것을 의미한다. 또
한 여기서 "성령을 따라"라는 문구는 그리스어 "프뉴마
티"(πνεύματι, pneumati)라는 탈격(ablativus instrumentalis) 형
태로 표현되어 있다.

그리고 갈라디아서 5:25에서는 "만일 우리가 성령
으로 살면 또한 성령으로 행할지니"(Since we live by the
Spirit, let us keep in step with the Spirit)라고 말한다. 여기서
영성은 "성령으로 사는 것"(live by the Spirit)과 "성령으로
행하는 것"을 가리킨다. 여기서도 "성령으로"는 모두 "프
뉴마티"(πνεύματι, pneumati)로 표현되어 있다.

그러므로 영성(spirituality)의 본질적 핵심은 성령을 따라 걷고 사는(walk and live by the Spirit) 삶을 가리킨다. 이것을 한마디로 표현하자면 "프뉴마티"라고 할 수 있다.

2. 삼위일체이신 성령 하나님

우리는 먼저 영(靈)을 분별할 필요가 있다. 참된 영인지 아닌지, 다시 말해 성령인지 아닌지를 분별할 필요가 있다. 이와 관련하여 요한1서 4:1-3에서 다음과 같이 말한다. "사랑하는 자들아, 영을 다 믿지 말고 오직 영들이 하나님께 속하였나 분별하라. 많은 거짓 선지자가 세상에 나왔음이라. 이로써 너희가 하나님의 영을 알지니 곧 예수 그리스도께서 육체로 오신 것을 시인하는 영마다 하나님께 속한 것이요, 예수를 시인하지 아니하는 영마다 하나님께 속한 것이 아니니, 이것이 곧 적그리스도의 영이니라. '오리라' 한 말을 너희가 들었거니와 지금 벌써 세상에 있느니라"(요일 4:1-3).

참된 영인지 아닌지를 분별한다는 것은 영이 하나님께 속하는지 아닌지를 파악한다는 것이다. 이렇게 분별해야 하는 이유는 하나님께 속한 영, 곧 하나님의 영이 있는가 하면 또한 거짓 선지자의 영들이 있기 때문이다. 하나님의 영과 거짓 선지자들의 영들을 분별하는 기준이 두 가지로 제시되어 있다.

첫 번째 기준은 영이 예수 그리스도를 시인하는지 아닌지를 파악하는 것이다. 예수 그리스도를 시인하지 않는 영은 하나님의 영이 아니라 적그리스도의 영이라고 한다. 적(敵)그리스도는 그리스어로 "안티크리스토스"(ἀντίχριστος, antichristos)이며 영어로는 "안티크라이스트"(Antichrist)로서 예수 그리스도를 대적(對敵)하는 자를 가리킨다.

두 번째 기준은 예수 그리스도를 시인하더라도 그가 육체로 오신 것을 시인하는지 아닌지를 파악하는 것이다. 여기에서 "육체로 오신 것"은 예수 그리스도의 성육신을 의미한다. 하나님이신 로고스, 즉 말씀이 육체를 입어 사람이 되셨음을 인정하여야 하나님의 영이다. 그렇지 않다면 적그리스도의 영이다.

요한1서가 기록되었던 시대에 예수 그리스도의 성육신을 인정하지 않는 자들이 있었다. 이들은 예수 그리스도가 하나님이시라면 유한한 육체를 입을 수 없다고 생각하였다. 이들의 입장을 가현설(假現說)이라고 한다. 이것을 영어로는 "도세티즘"(docetism)이라고 하는데, 이는 그리스어에서 "~처럼 보이다"를 의미하는 "도케오"(δοκέω, dokeo)라는 동사에서 파생한 단어이다. 한마디로 가현설은 예수 그리스도가 육체를 입은 것처럼 또는 사람인 것처럼 보이지만 실제로는 그렇지 않다고 여기는 관점이다.

참된 영은 하나님에게 속한 영, 즉 성령이며, 예수 그리스도의 성육신을 인정한다. "하나님의 영으로 말하는 자는 누구든지 예수를 저주할 자라 하지 아니하고 또 성령으로 아니하고는 누구든지 예수를 주시라 할 수 없느니라"(고전 12:3). 이런 점에서 성령과 예수 그리스도는 아주 밀접한 관계다.

또한 성자 하나님이신 예수 그리스도와 성령 하나님은 성부 하나님과 함께 삼위일체 하나님이시다. 성부 하나님과 성자 하나님과 성령 하나님은 상호내주의 관계 안에서 공동체로서 교제의 삶을 사신다. 이러한 성령 하나님은 우주 만물의 창조에서도 함께 활동하시고 우주 만물을 향한 비전으로의 하나님의 경륜과 구원에 함께 활동하시며, 또한 종말에서 우주 만물을 새롭게 하시는 활동에도 함께 참여하신다.

그러므로 성령 하나님을 따라 걷고 사는 삶으로서의 영성은 삼위일체 하나님과 함께하는 삶을 의미한다. 다시 말해 영성은 성령과 함께하는 삶이며, 성령이 시인하고 인정하는 예수 그리스도와 함께 하는 삶이며, 또한 영이 속한 성부 하나님과 함께하는 삶이다.

3. 신령한 영적 존재로서의 인간

인간이 성령 하나님을 따라 걷고 사는 삶으로서의 영성
은 인간이 단지 인간적인 삶을 사는 것이 아님을 알려준
다. 인간이 성령을 통해 삼위일체 하나님과 함께하는 영
성의 삶을 살 수 있는 것은 인간이 단순히 신체적 존재
또는 물질적 존재가 아님을 의미한다. 만약 그렇다고 한
다면 인간은 신체적 욕구를 따르고 물질적 욕구를 채우
면서 살아가기만 해도 될 것이다.

그러나 인간은 신체적 욕구와 물질적 욕구를 충족한
다고 하여도 여전히 채워지지 않는 공허함을 느낀다. 왜
냐하면 인간은 신체적 또는 물질적 존재 이상이기 때문
이다. 인간은 정신적 존재이고 더 나아가서 신령한 영적
존재다.

인간이 신령한 영적 존재인 이유는 삼위일체 하나님
께서 인간을 창조하실 때에 단지 흙으로만 빚으시는 것
으로 끝내지 않고 그 코에 생기, 즉 하나님의 숨을 불어

넣으셨기 때문이다. "여호와 하나님이 땅의 흙으로 사람을 지으시고 생기를 그 코에 불어넣으시니 사람이 생령이 되니라"(창 2:7).

하나님께서 생기를 코에 불어넣자 인간이 생령이 되었다. "생기"(生氣, the breath of life)는 히브리어로 "니쉬마트 하임"(נִשְׁמַת חַיִּים, nishmat hayyim)으로서 생명의 숨이라는 뜻이다. 생령은 "네페쉬 하야"(נֶפֶשׁ חַיָּה, nephesh haya)로서 "네페쉬"(נֶפֶשׁ, nephesh)는 영, 혼, 영혼 등을 의미한다. 따라서 생령은 살아있는 존재(a living being) 또는 살아있는 영혼(a living soul)을 가리킨다. 그러기 때문에 인간은 단순히 신체적 존재 또는 물질적 존재에 불과한 것이 아니다.

4. 성령 하나님과 함께하는 영성의 삶

영성은 성령 하나님과 함께하는 삶이기 때문에 권능이 있는 삶이다. 사도행전 1:8에서 예수님께서 친히 말씀하셨다. "오직 성령이 너희에게 임하시면 너희가 권능을 받고 예루살렘과 온 유대와 사마리아와 땅 끝까지 이르러 내 증인이 되리라 하시니라"(행 1:8). 여기서 권능은 "뒤나미스"(δύναμις, dynamis)인데, 여기에서 유래한 영어가 "다이내믹"(dynamic)으로서 역동적인 모습을 가리킨다. 그러기에 성령 하나님과 함께하는 영성은 권능이 있는 삶이며 역동적인 삶이다.

이러한 역동적인 삶에서는 예수 그리스도를 만나 철저한 변화를 경험하는 것이 가능해진다. 예수 그리스도에 대한 인식이 역동적으로 새롭게 변화될 수 있으며 인간 자신이 가진 기존의 인식에 갇히지 않고 우주와 세계와 사회와 인간 자신의 존재에 대한 인식이 새롭게 변화될 수 있다. 새롭게 변화된 인식을 바탕으로 우주 만물이 근본적으로 다르게 보이기에 존재론 자체에서도 변화가 일어난다.

성령 하나님 안에서 성자 하나님 예수 그리스도와의 만남을 통한 철저한 변화, 그리고 성령 안에서 예수 그리스도와의 연합을 이루고 이를 통해 삼위일체 하나님과의 교제에 참여할 수 있는 변화를 가리켜 영성적 변혁(spiritual transformation)라고 표현할 수 있다. 이러한 변혁을 경험하면서 우리는 성령 하나님을 따라 걷고 사는 삶, 즉 영성(spirituality)의 삶을 살아갈 수 있다. 또한 성부 하나님의 뜻 안에서 성자 하나님 예수 그리스도와의 만남을 통해 성령 하나님과 함께 걸어갈 수 있다.

이러한 영성의 삶을 보여주는 가장 대표적인 예는 사도행전 2장의 오순절 성령강림 사건이다. "홀연히 하늘로부터 급하고 강한 바람 같은 소리가 있어 그들이 앉은 온 집에 가득하며 마치 불의 혀처럼 갈라지는 것들이 그들에게 보여 각 사람 위에 하나씩 임하여 있더니, 그들이 다 성령의 충만함을 받고 성령이 말하게 하심을 따라 다른 언어들로 말하기를 시작하니라"(행 2:2-4).

성령 하나님께서 아주 강력하게 임하셔서 제자들이 다 성령의 충만함을 받았고 그 결과로 다른 언어들, 다시 말해 방언으로 말하였다. 그런데 오순절 성령강림 사건의 핵심은 방언을 말하는 것이 아니다. 방언을 말하는 것은 이 사건의 결과로 드러나는 여러 현상 가운데 하나일 뿐이다.

이 사건의 본질적 핵심은 성령충만이다. 성령충만이란 제자들 모두가 성령으로 가득 채워진 것(All of them were filled with the Holy Spirit)을 의미한다. 제자들의 공동체가 성령 하나님으로 가득 채워진 것이며, 또한 제자들 모두 각각 자신의 내면에 성령 하나님으로 가득 채워진 것이며, 자신의 지성과 감성과 의지가 성령 하나님으로 가득 채워진 것이다. 그래서 그들의 개인적인 삶과 공동체로서의 삶이 성령 하나님으로 가득 채워진 것이다.

모든 제자가 각각 성령 하나님으로 가득 채워져 있었기 때문에 그들은 성령 하나님에게 전적으로 순종할 수 있었다. 성령충만의 전형적인 현상은 바로 성령 하나님께 순종하는 것이다. 그래서 성령 하나님을 따라 걷고 사는 삶, 즉 영성의 삶을 살아갈 수 있는 것이다.

방언을 말하는 것은 그러한 영성의 삶의 하나의 결

과적 현상일 뿐이다. 방언은 제자들이 스스로 말하는 것이 아니다. 단지 성령 하나님의 인도하심과 권능 주심과 허락하심에 순종한 결과일 뿐이다. "성령이 말하게 하심을 따라 다른 언어들로 말하기를 시작하니라"(All of them…began to speak in other tongues as the Spirit enabled them). 그러므로 여기서 핵심은 방언을 말하는 결과적 현상 자체보다는 그것이 가능하도록 하였던 성령 하나님의 권능과 성령 하나님으로 충만한 제자들의 전적인 순종인 것이다.

결과적으로 방언을 말하는 은사만이 아니라 그 이상의 기사와 표적이 많이 나타나고 놀라운 일들이 일어났다. "사람마다 두려워하는데 사도들로 말미암아 기사와 표적이 많이 나타나니, 믿는 사람이 다 함께 있어 모든 물건을 서로 통용하고 또 재산과 소유를 팔아 각 사람의 필요를 따라 나눠 주며 날마다 마음을 같이하여 성전에 모이기를 힘쓰고 집에서 떡을 떼며 기쁨과 순전한 마음으로 음식을 먹고 하나님을 찬미하며 또 온 백성에게 칭송을 받으니, 주께서 구원 받는 사람을 날마다 더하게 하시니라"(행 2:43-47).

이렇게 오순절 성령강림 사건을 통해 성령 하나님께서 강력하게 활동하시고 모든 제자가 성령 하나님으로 충만하게 되어 함께 모여 교제하고 뜨겁게 찬송하며 기도하고 예배하며 또한 곳곳으로 흩어져 복음을 전파하였다. 성령 하나님의 역사와 함께 이들을 통해 교회가 형성되고 성도의 교제가 풍성하여지며 복음이 온 세계로 널리 전파되기 시작하였다.

이러한 영성의 삶의 본질적인 두 가지 중심축은 교회와 선교다. 교회는 하나님의 부르심을 받아 믿음으로 신앙을 고백하는 사람들의 모임이며 선교는 하나님의 보내심을 받은 사람들이 삶이다.

VII

교회
(에클레시아)

하나님의 부르심을 받은 사람들의 모임

◇◇◇◇◇◇◇◇◇

¹⁸또 내가 네게 이르노니 너는 베드로라
내가 이 반석 위에 내 **교회**를 세우리니 음부의 권세가
이기지 못하리라(마 16:18).

¹하나님의 뜻을 따라 그리스도 예수의 사도로
부르심을 받은 바울과 형제 소스데네는
²고린도에 있는 하나님의 **교회** 곧
그리스도 예수 안에서 거룩하여지고
성도라 부르심을 받은 자들과 또 각처에서 우리의 주
곧 그들과 우리의 주 되신 예수 그리스도의 이름을 부르는
모든 자들에게 ³하나님 우리 아버지와
주 예수 그리스도로부터 은혜와 평강이
있기를 원하노라(고전 1:1-3).

◇◇◇◇◇◇◇◇◇

1. 교회(에클레시아)

"교회"(敎會)라는 단어는 신약성경에서 그리스어로 "에클레시아"(ἐκκλησία, ekklesia)이며 라틴어로도 "에클레시아"(ecclesia)이다. 그리스어 "에크"(ἐκ, ek)는 "~로부터"라는 뜻을 지닌 전치사이며 "클레시아"(κλησία, klesia)는 "부르다"라는 뜻을 지닌 동사 칼레오(καλέω, kaleo)의 명사형 "클레시스"(κλῆσις, klesis)와 관련된 것으로, 에클레시아는 "~로부터 부름을 받은 자들의 모임"을 의미한다.

　　교회를 영어로는 "처치"(church)라고 한다. 독일어로는 "키르헤"(Kirche), 네덜란드어로는 "케르크"(Kerk), 스코틀랜드 영어로는 "커크"(Kirk)와 관련된다. 처치(church)의 고대 영어는 "키리케"(cirice) 또는 "키르케"(circe)인데 그리스어 "퀴리아코스"(κυριακός, kyriakos)로부터 왔다. 이 단어는 그리스어로 주님을 뜻하는 "퀴리오스"(κύριος, kyrios)와 관련된다. 그래서 "퀴리오스"이신 주님께 속한 자들을 의미하였다.

교회라는 단어 자체는 구약성경에 나오지 않는다. 그러나 사도행전 7장에서 스데반이 설교하는 중에 모세를 가리켜 "시내 산에서 말하던 그 천사와 우리 조상들과 함께 광야 교회에 있었고 또 살아 있는 말씀을 받아 우리에게 주던 자가 이 사람이라"(행 7:38)라고 말하면서 "광야 교회에"(ἐν τῇ ἐκκλησίᾳ ἐν τῇ ἐρήμῳ, in the church [assembly] in the wilderness)라는 표현을 사용하였다. 모세가 광야에서 교회에 있었다라는 의미이다. 이런 점에서 구약 시대에 교회가 존재하였다고 볼 수 있다.

광야 교회는 구약성경의 용어로는 광야에 있었던 회중(會衆, assembly)을 가리킨다. "이스라엘 자손의 온 회중이 엘림에서 떠나 엘림과 시내 산 사이에 있는 신 광야에 이르니 애굽에서 나온 후 둘째 달 십오일이라. 이스라엘 자손 온 회중이 그 광야에서 모세와 아론을 원망하여"(출 16:1-2). 여기서 회중은 구약성경의 다른 곳에서 총회(總會)로도 표현되는데 히브리어로 "에다"(עֵדָה, edah)와 "카할"(קָהָל, qahal)이라는 단어가 사용된다.

2. 교회의 기초 - 하나님의 부르심과 신앙고백

"에클레시아"라는 단어는 본래 고대 그리스 정치에서 민회(民會)를 가리켰다. 민회는 그리스 도시국가에서 시민들이 모여 국가의 정치를 논의하는 모임이었다. 동일한 단어가 성경에 사용되었으나 민회의 개념과 교회의 개념은 완전히 다르다. 특히 민회는 도시국가의 부름을 받은 자들의 모임이지만 교회는 국가의 부름이 아니라 하나님의 부름을 받은 자들의 모임을 의미하였다. 그러기에 민회와 교회 사이에는 많은 차이점이 존재한다.

민회는 그리스의 해당 도시국가 사람만이 참여할 수 있었고 자유시민 가운데 남성만이 참여할 수 있었다. 그리고 일정 연령 이상의 성인만이 참여할 수 있었다. 요컨대 그리스 사람이 아닌 자, 자유시민이 아닌 노예, 남성이 아닌 여성, 성인이 아닌 미성년자는 민회에 참여할 수 없었다는 뜻이다. 이들은 민회에 참여할 자격이 되지 않았다. 이런 의미에서 민회는 당시 요구하는 일정한 외적

자격요건을 갖추어야 참여할 수 있는 조건적이며 배타적인 모임이었다.

반면에 교회는 하나님의 부르심을 받아 모인 자들의 모임이다. 세상적인 자격조건은 전혀 없다. 그러기에 교회에는 자유시민과 노예, 남성과 여성, 어른과 어린이가 함께 참여할 수 있다. "너희는 유대인이나 헬라인이나 종이나 자유인이나 남자나 여자나 다 그리스도 예수 안에서 하나이니라"(갈 3:28). 이런 점에서 교회는 무조건적이며 포용적인 모임이다.

교회가 민회와 결정적인 차이점을 지니는 이유는 교회가 하나님의 부르심과 여기에 대한 인간의 신앙고백을 기초로 하기 때문이다. 마태복음 16:18에서 예수님은 베드로에게 "너는 베드로(Πέτρος, Petros, 페트로스)라. 내가 이 반석(πέτρα, petra, 페트라) 위에 내 교회를 세우리니"라고 말씀하셨다. 이는 바로 직전에 베드로가 "주는(당신은) 그리스도시요 살아 계신 하나님의 아들이시니이다"(마 16:16)라고 신앙을 고백하였을 때 주님께서 칭찬하시면서 하신 말씀이다.

그런데 여기서 주목할 점은 교회가 세워지는 반석은 베드로라는 사람이 아니라 베드로의 신앙고백이라는 점이다.[1] 따라서 하나님의 부르심에 대한 믿음이 중요한 것이지 그 사람이 세상적으로 누구냐 하는 것은 중요하지 않다. 교회는 하나님의 부르심을 받아 믿는 자들은 누구든지 참여할 수 있는 모임이다.

3. 교회의 초점 - 성도 및 하나님의 백성

신약성경에서 교회라는 단어가 사용된 가장 이른 시기의 사례들 가운데 하나가 고린도전서 1:1-3에 있다. 이 구절은 고린도 교회에 보내는 편지의 인사말에 해당한다. 발신자는 1절에 "바울과 형제 소스데네"라고 되어 있

---

1   김명용, 『열린 신학 바른 교회론』(서울: 장로회신학대학교출판부, 1998), 143-150.

고, 수신자는 2절에 "고린도에 있는 하나님의 교회"라고 되어 있으며, 인사말로 3절에 "은혜와 평강이 있기를 원하노라"라고 되어 있다.

그런데 여기서 주목할 점은 수신자에 관한 구절이다. 수신자는 2절에 "고린도에 있는 하나님의 교회", 다시 말해 고린도에 있는 교회라고 되어 있다. 그런데 "곧"이라는 단어와 함께 바로 교회에 대한 설명이 길게 이어지고 있다. 바울 사도는 교회를 가리켜 "그리스도 예수 안에서 거룩하여지고 성도라 부르심을 받은 자들", 그리고 "각처에서 우리의 주 곧 그들과 우리의 주 되신 예수 그리스도의 이름을 부르는 모든 자들"이라고 묘사한다.

이렇게 본다면 교회의 초점은 일차적으로 사람들을 가리킨다. 아무 사람이나 자연인을 가리키는 것이 아니라, 예수 그리스도 안에 있는 사람들, 그리고 예수 그리스도의 이름을 부르는 자들을 가리킨다. 한마디로 모든 사람들에게 주시는 하나님의 부르심을 듣고 받아들이고 믿는 사람들을 뜻한다. 더 간단히 표현하면 "성도"(聖徒),

곧 거룩한 무리다. 그리고 "하나님의 백성"이다.

그렇다면 교회의 초점은 사람들 이외에 다른 어떤 것이 아니다. 교회의 초점은 건물이 아니라는 뜻이다. 건물은 교회당이나 예배당이나 교육관일 뿐이다. 교회의 초점은 조직이나 제도가 아니다. 조직과 제도가 필요하긴 하지만 조직과 제도에 사람들이 갇혀서는 안 된다. 교회의 초점은 역사나 전통이 아니다. 시간이 지남에 따라 역사와 전통이 형성되는 것은 사실이나 역사와 전통에 매여서는 안된다.

교회의 초점이 분명하여 교회가 자신의 정체성을 분명히 드러내고 사회에서 빛과 소금의 사명을 감당하면, 때로는 주위의 사람들의 칭찬을 받기도 하지만 때로는 박해를 받고 순교를 당하는 경우도 있다. 이러한 경우 하나님께서는 교회의 헌신을 기쁘게 받으신다. 그러나 교회가 교회의 초점을 분명히 하지 못하고 자신의 정체성을 바르게 드러내지 못할 때 여러 문제를 일으킨다. 그래서 교회가 세상을 개혁하지도 못하고 도리어 사회에서 지탄을 받는 곤란한 상태, 즉 처치곤란(church困難)의 상태가 된다. 이러한 경우는 교회가 스스로 반성과 개혁을 철저히 하여 하나님께서 기뻐하시는 교회가 되도록 애써야 한다.

교회가 자신의 초점을 분명히 할 때 다른 것에 관심을 빼앗기지 않을 수 있다. 또한 교회가 자신의 초점을 분명히 할 때 교회의 정체성을 확고하게 유지할 수 있다. 교회가 상가교회, 임대교회, 지하교회라고 하더라도 부끄러워할 필요가 없다. 하나님의 부르심을 받아 주의 이름으로 두 세 명이라도 모인다면 그 자체로 교회이기 때문이다. 교회의 건물이 웅장하고 화려하다고 하여, 또한 교회의 역사가 오래되고 규모가 크다고 하여 자부심을 가진다고 한다면, 교회의 초점보다는 교회의 외형에 더 많은 관심을 두는 것이다.

4. 삼위일체 하나님의 교제에의 참여

교회의 초점이 사람들이라면 믿음 안에서 사람들 사이의 관계성과 공동체성과 교제성이 매우 중요하다. 성부 하나님과 성자 하나님과 성령 하나님께서 상호 관계 속에서 하나의 공동체를 이루시며 교제의 삶을 누리시듯이 삼위일체 하나님에 의해 창조되었고 믿음 안에서 살아가는 사람들도 그러한 삶을 누리며 살아갈 수 있다. 이런 점에서 교회는 교제, 즉 코이노니아이다. 그리고 이러한 교제는 단지 사람들과의 관계만 아니라 삼위일체 하나님과의 관계를 바탕으로 이루어진다. 요컨대 이러한 교제는 삼위일체 하나님의 교제에 참여한다.

그러므로 사도신경에서는 성령에 대한 신앙고백의 항목에서 교회와 관련하여 "거룩한 공교회와 성도의 교제"를 믿는다고 고백한다. 이는 교회의 핵심이 성도의 교제(the communion of saints)임을 알려준다. 여기서 교제는 라틴어로는 "코무니오"(communio), 영어로 "커뮤니온"(communion), 그리스어로 "코이노니아"(κοινωνία, koinonia)로서 친교, 사귐, 연합, 일치 등을 의미한다. 이것은 교회의 초점이 사람들이며 또한 사람들과의 친교와 사귐과 연합과 일치임을 의미한다. 물론 이러한 교제는 믿음 안에서의 친교와 사귐과 연합과 일치이다.

성도의 교제를 중요시한다면 교회의 구조는 수직적이기보다는 수평적이어야 한다. 그래야 진정한 교제와 친교가 이루어질 수 있다. 그리고 이러한 교회의 구조는 하나의 중심적 구조(one-centric structure)를 지니기보다는 삼위일체 하나님에게서처럼 세 가지 중심으로 구성되는 다중심적 구조(poly-centric structure)가 되어야 한다.[2] 이러한 정신이 교회 내에서와 전체 교회에서 온전히 반영되고 구현되어야 한다.

교회의 직분은 수직적이기보다는 수평적이어야 한

---

2   미로슬라브 볼프 지음, 황은영 옮김, 『삼위일체와 교회 — 하나님의 형상으로서 교회에 대한 가톨릭·동방 정교회·개신교적 이해를 찾아서』(서울: 새물결플러스, 2012), 375-388.

다. 따라서 교역자와 평신도의 관계가 수직적이어서는 안된다. 목사, 전도사, 장로, 권사, 집사 등의 직분이 있지만 수직적인 위계질서가 전혀 아니어야 한다. 교역자 안에서도 목사, 부목사, 전임전도사, 교육전도사 등이 있지만 그 관계도 수평적이어야 한다. 이 모든 직분은 교회 내에서의 신분이나 지위나 심지어 계급이 전혀 아니다. 모든 이들이 하나님의 부르심을 받은 성도이며 하나님의 백성으로서 자신의 직무(職務, office)에 충실하여야 한다.

전체 교회의 구조도 수직적이기보다는 수평적이어야 한다. 역사 속에서 초기 교회가 하나의 교회로서 연합과 일치를 이루었다. 예루살렘, 안디옥, 알렉산드리아, 로마, 콘스탄티노플과 같은 5개의 총대교구들이 다중심적 구조로서 서로 수평적인 관계 안에서 연합과 일치를 이루었다. 어느 특정 교회가 우월하거나 열등한 것이 아니며 어느 특정 교회가 권력을 휘두르거나 전체를 좌지우지 하는 것이 아니다.

교회는 성도의 교제로서 삼위일체 하나님의 교제

에 참여하기 때문에 온 세계의 모든 교회들은 하나의 교회이다. 그래서 사도신경이 하나의 거룩한 공교회를 믿는다고 고백한다. 여기서 공교회(公敎會, Catholic Church)는 하나의 보편적인 교회(One Universal Church)를 가리킨다. "카톨릭"(catholic)이란 말은 그리스어로 "카톨리코스"(καθολικός, katholikos)로서 전체적인 또는 보편적인이라는 뜻이다.

하나의 보편적인 교회란 세계 도처에 있는 모든 교회가 하나의 교회라는 것을 의미한다. 아시아의 교회, 아프리카의 교회, 북미와 남미를 포함한 아메리카의 교회, 유럽의 교회, 오세아니아의 교회가 모두 하나의 교회라는 뜻이다. 동네에 있는 지역교회라고 할지라도 모두 하나의 보편적인 교회에 속해 있다. 그러므로 교회가 어느 나라에 있든지 어느 지역에 있든지 어느 마을에 있든지 교회의 모든 성도는 하나의 세계적인 교회에 함께 속한다는 의미다.

5. 우주 만물을 위한 공교회성(公敎會性)과 공공성(公共性)

역사적 현실에서는 교회가 여러 교파들과 교단들로 나누어져 있다. 본래 하나의 보편적인 교회였는데 로마라는 총대교구를 중심으로 하는 서방 교회와 그 외 총대교구들을 근거로 하는 동방 교회가 긴장과 갈등의 관계를 지니다가 결국 1054년에 상호 파문을 통해 분열되었다. 교회사에서 이를 교회의 대분열(the Great Schism)이라고 일컫는다.

이후 서방 교회 내에서는 1517년 마르틴 루터의 종교개혁(Reformation)을 계기로 로마 가톨릭교회(Roman Catholic Church)와 개신교회(Protestant Church)로 분리되었다. 개신교회 안에는 루터교회, 개혁교회/장로교회, 성공회, 재침례교회, 감리교회, 성결교회, 오순절교회 등의 여러 교파들이 존재한다. 하나의 교파 안에서도 여러 교단들로 분열되기도 하였다.

교회의 역사적 현실이 이러하다 보니 온 세계의 교

회들이 모두 하나의 보편적인 교회라는 공교회성(公敎會性, catholicity/universality)이 약화되고 개교회(local church)를 중시하는 개교회성(個敎會性)이 강해지며 개교회주의(parochialism)가 득세한다. 한 동네 안에서조차 여러 개교회가 서로 경쟁하며 심지어 다른 교회에 대해 배타적인 태도를 보이기까지 한다. 심지어 규모가 크고 많은 힘을 가진 교회는 자신이 속한 교단의 교회법을 준수하기보다는 불법이라고 하더라도 자신에게 유리하게 움직이며 때로는 교단을 탈퇴하기도 한다.

이렇게 된다면 교회의 공교회성이 무력해질 뿐만 아니라 교회가 사회 내에서 사적인 이익집단으로 전락한다. 교인의 신앙도 개개인의 안위와 행복에만 관계된 사적인 것으로 전락한다. 이러한 신앙의 사사화(私事化, privatization)가 일어나면 교회가 사회 내에서 공적인 역할을 감당하는 공공성(公共性, publicness)을 상실한다. 신앙은 개인적인 것이지만 동시에 사회와 세계에 대해, 그리고 우주 만물 전체에 대해 많은 함의를 가지는 공적인 신앙(public faith)이다.[3] 따라서 교회는 개개인 사람들의 모임인 동시에 공공적인 역할을 감당하는 공적 교회(public church)이다.

교회의 보편성 또는 공교회성(catholicity/unversality)과 교회의 공공성(publicness)은 단지 교회의 추가적인 속성이나 기능이 아니다. 이것들은 근본적으로 삼위일체 하나님께서 교회에 대해 갖고 계시는 경륜적인 비전과 본질적으로 관련되어 있다. 그러므로 교회는 교회 자체로 끝나지 않으며 교회 안으로만 한정되지 않는다. 우주 만물을 향한 하나님의 경륜과 계획이 있기 때문이다. "만물이 주에게서(from) 나오고 주로 말미암고(through) 주에게로(into) 돌아감이라"(롬 11:36). 우주 만물과 하나님의 관계가 삼중적으로 표현되어 있다. 우주 만물이 삼위일체 하나님으로부터 나오고 삼위일체 하나님으로 말미

---

3   미로슬라브 볼프 지음, 김명윤 옮김, 『광장에 선 기독교 – 공적 신앙이란 무엇인가』(서울: IVP, 2014).

암으며 삼위일체 하나님에게로 돌아간다.

삼위일체 하나님과 우주 만물의 관계 안에서 예수 그리스도는 교회의 머리가 되시며 교회는 예수 그리스도의 몸이 된다. 예수 그리스도와 교회의 관계는 아주 밀접하고 긴밀하다. 이러한 관계하에서 우주 만물은 예수 그리스도 및 교회와 연결된다. 다시 말해 예수 그리스도는 만물 위의 머리가 되시기에 우주 만물이 예수 그리스도에게 복종한다. 또한 교회는 우주 만물 안에서 우주 만물을 충만하게 하시는 성부 하나님의 충만함이다. "또 만물을 그의 발 아래에 복종하게 하시고 그를 만물 위에 교회의 머리로 삼으셨느니라. 교회는 그의 몸이니 만물 안에서 만물을 충만하게 하시는 이의 충만함이니라"(엡 1:22-23).

이렇게 삼위일체 하나님과 우주 만물의 관계와 관련하여 교회의 위치가 설정된다. 그러므로 교회는 교회만으로 끝나지 않는다. "그는 몸인 교회의 머리시라.…아버지께서는 모든 충만으로 예수 안에 거하게 하시고 그의

십자가의 피로 화평을 이루사 만물 곧 땅에 있는 것들이
나 하늘에 있는 것들이 그로 말미암아 자기와 화목하게
되기를 기뻐하심이라"(골 1:18-20).

교회는 사회 속에서 고립된 집단인 게토(ghetto)가
되어서는 안 된다. 교회는 우주 만물에게까지 확장되어
야 한다. 이런 점에서 교회는 마을 안에서, 사회 안에서,
세계 안에서 매우 중추적인 역할을 감당할 수 있다. 그러
므로 교회는 우주 만물을 향한 하나님의 경륜과 계획과
비전에서 매우 본질적인 위치를 차지한다.

VIII

선교
(미시오)

하나님의 보내심을 받은 사람들의 삶

¹⁴하나님이 모세에게 이르시되 "나는 스스로 있는 자이니라."
또 이르시되 "너는 이스라엘 자손에게 이같이 이르기를
스스로 있는 자가 나를 너희에게 **보내셨다**" 하라(출 3:14).

¹³또 산에 오르사 자기가 원하는 자들을 부르시니 나아온지라.
¹⁴이에 열둘을 세우셨으니 이는 자기와 함께 있게 하시고
또 **보내사** 전도도 하며 ¹⁵귀신을 내쫓는 권능도 가지게
하려 하심이러라(막 3:13-15).

1. 선교(미시오)

선교(宣敎)는 영어로 "미션"(mission)으로서 라틴어 "미시오"(missio)에서 온 것이다. 그리고 "미시오"는 동사 "미토"(mitto)에서 파생된 명사이다. 라틴어 동사 미토의 일차적인 뜻은 "보내다" 또는 "파송하다"(send)이다. 그러기에 선교의 일차적 의미는 보냄 및 파송이다.

"보내다"라는 동사가 그리스어로는 "아포스텔로"(ἀποστέλλω, apostello)이다. 여기서 파생된 명사 "아포스톨로스"(ἀπόστολος, apostolos)는 보냄을 받은 자라는 뜻이다. 이것이 영어로 "어파슬"(apostle)인데 우리말로는 "사도"(使徒)라고 번역한다. 바울이 자신을 사도라고 하는데, 이것은 바울이 예수 그리스도께서 자신을 보내셨음을 깊이 확신하기 때문이었다. 그런데 바울만 사도인 것이 아니다. 초기 교회의 몇몇 사람들만 사도인 것이 아니다. 그들뿐만 아니라 하나님의 보내심을 받은 모든 이들이 사도다. 따라서 우리도 모두 하나님의 보내심을 받은 사도라고 할 수 있다.

2. 삼위일체 하나님의 선교(missio Trinitatis)

성경에는 하나님께서 사람들을 부르시고 보내시는 이야기들이 많이 있다. 구약성경 출애굽 사건에서 하나님은 모세를 부르시고 이후 고난과 고통 중에 있는 이스라엘 노예들에게로 그를 보내셨다. 신약성경 복음서에서 예수 그리스도는 사람들을 부르시고 제자로 세우시고 이후 온 세계로 보내셨다. 이렇게 보냄과 파송이 선교의 일차적인 의미다.

그리고 보냄과 파송을 받아 어느 지역에 가서 감당해야 하는 임무, 과제, 사명을 가리켜 "미션"이라고 하는데, 이것은 선교의 이차적인 의미다. 이차적인 의미로서의 선교는 인간이 감당해야 하는 일들에 초점을 맞추고 있다. 복음전도나 복음선포이든, 사회적 책임이나 사회변혁이든 인간의 활동에 초점이 있다. 그러다 보면 선교는 인간의 행위가 되며 심지어 인간적인 활동이나 인간적인 의로 변모하기 쉽다. 그러면 결국 선교의 주체가 하나님이 아니라 인간이 되어버리기 십상이다.

반면에 일차적인 의미로서의 선교는 누가 보내시고 누가 파송하시는지에 초점을 맞추고 있다. 말하자면 선교의 주체에 초점을 맞추는데, 이때 보내시고 파송하시는 분은 바로 하나님이시다. 따라서 일차적인 의미로서의 선교는 "하나님의 선교"라고 할 수 있다. 이를 라틴어로는 "미시오 데이"(missio Dei)라고 하며 영어로는 "미션 오브 갓"(mission of God)이라고 한다. 또한 하나님은 삼위일체 하나님이시기 때문에 "삼위일체 하나님의 선교"(missio Trinitatis)라고 할 수 있다.

그런데 "하나님의 선교"는 더욱 깊은 신학적인 의미를 지닌다. 왜냐하면 하나님이 인간을 부르시고 세상으로 보내시고 파송하시기 전에 이미 삼위일체 하나님 안에서 이러한 보냄과 파송이 일어났기 때문이다. 요컨대 성부 하나님께서 성자 하나님을 이 세상으로 보내시고 파송하셨으며 또한 성부 하나님께서 성령 하나님을 이 세상으로 보내시고 파송하셨다. 이것이 가장 근원적이고 원형적인 선교다.

또한 "하나님의 선교"는 근원적으로 "삼위일체 하나님의 선교"다. 삼위일체 하나님은 자신 안에 머물거나 정체되거나 폐쇄되지 않으시고 자신을 넘어서 세상, 즉 우주 만물을 위해 자신을 보내시고 파송하시는 분이시다. 이런 점에서 선교라는 단어는 선교학적(missiological) 개념이기 전에 더 근본적으로 신학적인(theological) 개념이다. 달리 말해 선교에 관한 연구와 관련된 개념이기 전에 더 근본적으로 하나님에 관한 개념이다.

성부 하나님께서 성자 하나님과 성령 하나님을 보내시고 파송하시듯이 성부 하나님은 성령 하나님 안에서 성자 예수 그리스도를 통해 우리를 부르시고 또한 세상으로 파송하신다. 이런 점에서 선교의 주체는 분명히 삼위일체 하나님이시다. 그런 이유에서 "선교사 하나님"(the missionary God)이라는 표현이 가능하며, 또한 "선

교사 삼위일체 하나님"(the missionary Trinity)이라는 표현
이 가능하다.

3. 선교적 존재로서의 삶

선교의 주체가 하나님이시고 또한 하나님이 선교사 하
나님이시라면 선교의 활동과 방식이 하나님께서 원하시
는 모습으로 이루어져야 한다. 삼위일체 하나님 안에서
성부 하나님께서 성자 하나님을 보내셔서 성육신의 역
사가 있게 하셨듯이 우리의 선교는 성육신의 정신을 닮
아야 한다. 그리고 삼위일체 하나님 안에서 성부 하나님
께서 성령 하나님을 보내셔서 성령강림의 역사가 있게
하셨듯이 우리의 선교는 성령강림의 정신을 닮아야 한
다.

성육신 정신의 본질적 의미는 자기비움이다. 그리스
어로는 "케노시스"(κένωσις, kenosis)인데 이는 "비우다"라
는 의미를 지닌 그리스어 동사 "케노오"(κενόω, kenoo)의

명사형이다. 빌립보서 2:5-8에 따르면 케노시스는 예수 그리스도의 마음이다. 케노시스의 핵심은 성자 하나님께서 근본 성부 하나님과 동등하시지만 그렇게 여기지 않으시고 자신을 비우셔서 종의 형체를 가지고 사람들과 같이 되셔서 자기를 낮추시고 십자가에서 죽으시기까지 복종하신 모습이다. 성육신적 선교란 자신을 비우고 낮추고 고난을 당하는 선교다.

성령강림 정신의 본질적 의미는 온유함과 성령충만이다. 온유함은 예수 그리스도 자신의 세례에서 드러난다. 예수 그리스도께서 세례를 받으실 때 성령이 비둘기의 모습으로 나타나셨다. 비둘기는 온유함을 상징하는데, 이는 예수님께서 앞으로 이어가시는 활동이 온유한 사역이 될 것임을 미리 알려준다. 온유함은 예수님의 마음으로서 수고하고 무거운 짐 진 자들을 초대하여 주시고 죄인까지 불러주시는 포용의 마음이다. "수고하고 무거운 짐 진 자들아, 다 내게로 오라. 내가 너희를 쉬게 하리라. 나는 마음이 온유하고 겸손하니 나의 멍에를 메고 내게 배우라. 그리하면 너희 마음이 쉼을 얻으리니, 이는 내 멍에는 쉽고 내 짐은 가벼움이라"(마 11:28-30).

성령충만은 오순절 성령강림에서 드러난다. 모든 제자들이 성령으로 충만하여 성령 하나님께 전적으로 순종하였다. 삼위일체 하나님의 보내심을 받은 자로서 선교를 행할 때 전적으로 성령 하나님께 순종하고 성령 하나님께 이끌리어 나아가는 것이다. 그렇게 된다면 자기 언어권 안에 머무르지 않고 언어와 문화의 장벽을 뛰어넘어 온 세계의 모든 다양한 사람들에게로 나아가는 것이다. 우주 만물을 향하신 하나님의 경륜에 참여하기 위하여 온 세계 방방곡곡으로 나아가는 것이다.

선교는 하나님께서 우리를 부르시고 세상으로 보내시고 파송하시는 것이기 때문에 우리는 어디로 보냄을 받든지 간에 하나님으로부터 보내심을 받은 선교적 존재로 살아간다. 국내로 보냄을 받을 수도 있고 해외로 보냄을 받을 수도 있다. 국내에서는 가정이든 학교든 직장이든 어떤 영역에서든지 우리는 하나님의 보내심을 받

은 선교적 존재로 살아간다. 또한 우리는 학문이든 예술
이든 정치든 경제든 사회의 모든 분야에서 하나님의 보
내심을 받은 선교적 존재로 살아간다. 이러한 모습은 해
외선교에서도 마찬가지다.

　이러한 선교적 존재에 대한 이해가 교회와 연결되면
"선교적 교회"(missional church, 미셔널 처치)가 된다.[1] 선교
적 교회는 교회가 그 어디에 있든지 그곳으로 보냄을 받
은 존재임을 깨달아 그러한 존재로서 살아가고 활동하
는 것에 관심을 가진다. 이러한 관심은 해외선교에서도
마찬가지이다.

　국내에서든지 해외에서든지 무엇을 하든지 가장 중
요한 것은 우리 각자가 하나님의 부르심을 받은 존재로
서, 또한 동시에 하나님의 보냄과 파송을 받은 존재로서
의 정체성을 깨달아 살아가는 것이다.

1　　대럴 구더 편저, 정승현 옮김, 『선교적 교회 – 북미 교회의 파송을 위
　　한 비전』(인천; 주안대학원대학교출판부, 2016).

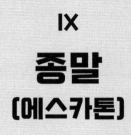

IX

종말
(에스카톤)

우주 만물의 끝과 목적

◇◇◇◇◇◇◇◇◇

8주 하나님이 이르시되
"나는 알파와 **오메가**라 이제도 있고 전에도 있었고
장차 올 자요 전능한 자라" 하시더라(계 1:8).

13나는 알파와 **오메가**요 처음과 **마지막**이요
시작과 **마침**이라(계 22:13).

◇◇◇◇◇◇◇◇◇

1. 종말(에스카톤)

종말(終末)이라는 용어는 그리스어로 "에스카톤"($\check{\epsilon}\sigma\chi\alpha\tau o\nu$, eschaton)으로, 신학에서는 종말에 관한 논의를 하는 신학적 주제를 종말론(eschatology)이라고 한다. 이 용어는 성경의 여러 곳에 나오지만 대표적으로 성경의 마지막 책인 요한계시록의 맨 마지막장인 22장에 나온다. 여기서 하나님은 "나는 알파와 오메가요 처음과 마지막이요 시작과 마침이라"(계 22:13)라고 말씀하신다.

"알파와 오메가"라는 표현은 요한계시록 1:8에도 나온다. 알파는 그리스어 알파벳의 맨 처음인 "알파"(α)를 가리키며 처음과 시작을 의미한다. 그리고 오메가는 그리스어 알파벳의 맨 나중인 "오메가"(ω)를 가리키며 마지막과 마침을 의미한다.

그리고 여기서 "처음"은 그리스어로 "호 프로토스"($\dot{o}$ $\pi\rho\hat{\omega}\tau o\varsigma$, ho protos), 즉 처음이신 분을 의미한다. 또한 "시작"은 그리스어로 "아르케"($\dot{\alpha}\rho\chi\grave{\eta}$, arche), 즉 태초이

시며 우주 만물의 근본원리이심을 의미한다. 그리고 여기서 "마지막"은 그리스어로 "호 에스카토스"(ὁ ἔσχατος, ho eschatos), 즉 마지막이신 분을 의미하는데, 바로 이 단어로부터 종말을 의미하는 "에스카톤"(ἔσχατον, eschaton)이 파생된다. 그리고 여기서 "마침"은 그리스어로 "텔로스"(τέλος, telos), 즉 우주 만물의 궁극적인 목적을 의미한다.

2. 우주 만물 전체의 삼위일체 하나님

요한계시록 22:13에서는 "알파", "처음", "시작"이 서로 연관되어 하나의 의미를 형성하고 있다. 그리고 "오메가", "마지막", "마침"이 서로 연관되어 하나의 의미를 형성하고 있다. 그러면서 전체적으로 하나님이 어떠한 분이신지를 드러내고 있다.

삼위일체 하나님은 알파와 오메가이시다. 다시 말해 처음이신 분이시고 마지막이신 분이시다. 하나님께서 천지를 창조하시면서 시간과 공간, 즉 시공간을 함께 창조하셨다. 그래서 하나님은 시간적으로 처음이시다. 그리고 시간이 하나님께 의존하여 있기에 하나님이 없다면 시간이 없다는 점에서 하나님은 또한 마지막이시다. 공간적으로도 마찬가지다. 그리고 하나님이 처음이시고 마지막이시라는 말은 하나님이 처음이시고 또한 마지막이실 뿐만 아니라 그 사이의 모든 시간이 하나님께 속해 있다는 것을 의미한다. 즉 모든 시간이 하나님께 속해 있다는 뜻이다.

이러한 의미로 요한계시록 1:8에서 삼위일체 하나님은 "나는 알파와 오메가라. 이제도 있고 전에도 있었고 장차 올 자요 전능한 자라"라고 말씀하신다. 즉 삼위일체 하나님은 전에도 계셨던 과거의 하나님이시고, 이제도 계시는 현재의 하나님이시며, 장차 오실 자이신 미래의 하나님이시다. 과거와 현재와 미래가 모두 하나님께 속해 있다. 모든 시간이 하나님의 것이다. 이렇게 모든 시간과 관련하여 하나님은 전능자(全能者)시다. 시간과 공간은 연결되어 있는 하나의 시공간이기 때문에 공간도 하나님께 속해 있다. 모든 공간이 하나님께 속해 있다. 시공간뿐만 아니라 천지도 하나님께서 창조하셨기 때문에 천지, 다시 말해 우주 만물 전체가 하나님께 속해 있다. 그러므로 하나님은 시간과 공간과 관련하여서뿐만 아니라 모든 것과 관련하여서 전능자(全能者)시다.

전능자(全能者)라는 단어는 그리스어로 "판토크라토르"(παντοκράτωρ, pantokrator)다. 문자적으로 모든 것에 있어서 능력을 지니신 분을 의미한다. "판토"(παντο)는 모든 것을 의미하는 그리스어 "파스"(πᾶς)의 중성 복수 명사형 "판타"(πάντα, panta)에서 파생한 것이다. "판타"는 모든 것을 의미하며 성경에서는 "만물"이라고 번역되고 우주 만물 전체를 가리킨다. 전능자(全能者)가 라틴어로는 "옴니포텐스"(Omnipotens)인데 여기서 "옴니"(omni)라는 말은 모든 것을 의미한다. 영어로는 "옴니포텐트"(Omnipotent) 또는 "올마이티"(Almighty)인데 여기에서 "옴니"(omni) 또는 "올"(all)이라는 말은 "판타"처럼 모든 것을 의미한다.

이렇게 본다면 삼위일체 하나님이 알파와 오메가이시며 처음과 마지막이시라는 점은 하나님이 시공간을 포함하여 모든 것, 즉 우주 만물 전체의 하나님이시며, 결과적으로 모든 것과 관련하여 능력을 지니신 전능하신 하나님이심을 의미한다. 태초의 하나님도 전능하신 하나님이시며 종말의 하나님도 전능하신 하나님이시다.

그러므로 우리는 태초와 관련하여 전능하신 하나님을 생각하고 묵상해야 한다. 또한 종말과 관련하여서도 전능하신 하나님을 생각하고 묵상해야 한다. 우리는 종말이라는 단어를 들을 때 세상 끝날의 무시무시한 장면들을 생각할 것이 아니라, 먼저 전능자 하나님을 생각해야 한다. 과거에도 계셨고 현재에도 계시며 앞으로 미래의 종말에도 오실 전능자 하나님을 생각해야 한다. 하나님은 모든 시간의 주님이시며 우주 만물 전체의 주님이시기 때문이다.

3. 끝과 목적으로서의 종말

종말(終末)이라는 말 자체는 마지막과 끝을 의미한다. 그런데 성경 구절에서 "마지막"(에스카톤)이라는 말과 "마침"(텔로스)이라는 말이 함께 나오는 것으로 보아 마지막이 텔로스, 곧 우주 만물의 목적과도 연관되는 의미를 지닌다는 점을 알 수 있다. 이는 성경 구절에서 "처음"이라는 말이 "시작"(아르케)이라는 말과 함께 나오는 것으로 보아 처음이 아르케, 곧 우주 만물의 원리와도 연관되는 의미를 지니는 것과 마찬가지다.

그러므로 종말이라는 말은 단지 마지막이나 끝만을 의미하지는 않는다. 종말이라는 말은 마지막과 끝을 의미하면서도 동시에 목적이라는 의미를 함께 지니고 있다. 영어 단어 "엔드"(end)가 "끝"이라는 의미와 "목적"이라는 의미를 함께 지니고 있는 것과 같다. 이처럼 종말은 단지 우주 만물의 마지막과 끝에 관한 의미만이 아니라 우주 만물이 지향하고 나아가야 할 목적에 관한 의미를 함께 지닌다.

종말의 의미를 이렇게 본다면 우주 만물은 종말을 기다리면서도 또한 현재에서도 종말의 목적을 향해 나아가야 한다. 요컨대 온세계를 향한 삼위일체 하나님의 계획과 비전을 바라보며 나아가야 한다는 것이다. 바로 지금 여기서 그 목적을 지향하며 살아가도록 애써야 한다. 이런 의미에서 마지막과 끝이 되는 종말은 지금 여기서의 삶에 심대한 영향을 끼칠 수 있다. 현재의 삶과 세상을 도피하거나 회피하는 것이 아니라 오히려 현재의 삶과 세상 한가운데서 종말의 목적을 바라보며 살아가는 것이 종말에 대한 참된 이해다.

종말의 의미를 가장 집약적으로 표현해주는 구절이 바로 요한계시록 21:1에 나오는 "새 하늘과 새 땅"이다. "처음 하늘과 처음 땅"인 옛 창조가 "새 하늘과 새 땅"의 새창조로 변화되었다. 옛 창조, 즉 원창조가 파괴되거나 멸절한 것이 아니라 새롭게 변화되는 것이다. 2절에서처럼 "거룩한 성 새 예루살렘이 하나님께로부터 하늘에서 내려오"는 것이다.

그래서 종말의 참된 모습은 3-4절에서처럼 "그들은 하나님의 백성이 되고 하나님은 친히 그들과 함께 계셔서 모든 눈물을 그 눈에서 닦아 주시니 다시는 사망이 없고 애통하는 것이나 곡하는 것이나 아픈 것이 다시 있지 아니하리니 처음 것들이 다 지나갔음이러라"라고 묘사한 상태가 되는 것이다. 하나님의 백성이 삼위일체 하나님과 함께 있으며 삼위일체 하나님의 삶에 온전히 참여하는 것이다. 그리고 6-7절에서 하나님은 "나는 알파와 오메가요 처음과 마지막이라. 내가 생명수 샘물을 목마른 자에게 값없이 주리니 이기는 자는 이것들을 상속으로 받으리라. 나는 그의 하나님이 되고 그는 내 아들이 되리라"라고 말씀하신다.

이것이 종말의 참된 모습이다. 삼위일체 하나님이 성도 한 사람 한 사람에게 하나님이 되시고 성도 한 사람 한 사람은 삼위일체 하나님의 자녀가 되는 것이며, 하나님의 백성이 삼위일체 하나님의 삶에 온전히 참여하는 것이다. 5절에서 하나님은 "보라, 내가 만물을 새롭게 하노라"라고 말씀하시는데 이런 점에서 종말은 우주 만물 전체를 새롭게 하는 것, 즉 갱신(renewal)이다. 이것이 삼위일체 경륜의 목적과 비전이다. 즉 우주 만물 전체가 새롭게 변화되어 예수 그리스도의 머리 되심을 인정하고 예수 그리스도 안에서 하나가 되어 통일되는 것이다.

4. 인간의 죽음에 대한 성경적 이해

성경의 종말론은 우주 만물 전체의 종말에 관해 말하며, 따라서 인간의 종말에 관해서도 말한다. 그런데 인간의 종말은 단지 인간 삶의 마지막과 끝에 관한 것만은 아니다. 종말이 마지막과 끝을 의미하면서도 목적을 의미하기 때문에 인간의 종말은 인간의 삶의 목적에 관해서도 말한다.

　　그런데 죽음은 인간 삶의 소멸이며 마지막이자 끝이라고 주장하는 이들이 많이 있다. 그들은 죽음 이후의 삶에 대해서는 아무것도 없다고 주장하며 부활이나 영생과 같은 개념은 불필요하다고 주장한다.[1] 그런데 이러한 주장은 종말을 단지 마지막과 끝으로만 이해할 뿐이며 목적으로 이해하지는 못하고 있다.

인간의 죽음에 관한 성경의 입장은 전혀 그렇지 않은데, 고린도후서 5:1-10에 명쾌하게 나와 있다. 1절에서 다음과 같이 말한다. "만일 땅에 있는 우리의 장막 집이 무너지면 하나님께서 지으신 집 곧 손으로 지은 것이 아니요 하늘에 있는 영원한 집이 우리에게 있는 줄 아느니라." 여기서 "장막 집"은 비유적으로 인간의 삶을 의미한다.

장막 집이 무너진다고 하더라도, 다시 말해 인간이 삶이 끝나 죽는다고 하더라도 그것이 끝은 아니라고 말한다. 하나님께서 지으신 하늘에 있는 영원한 집이 우리

---

1   이렇게 주장하는 대표적인 철학자는 셸리 케이건이다. 셸리 케이건 지음, 박세연 옮김, 『죽음이란 무엇인가』(서울: 엘도라도, 2013).

에게 있다는 것이다. 인간의 장막 집이 하나님의 영원한 집으로 변화되는 부활의 삶이 있으며, 이 영원한 집에서 삼위일체 하나님과 함께 살아가는 영원한 삶이 있다고 말한다. 그렇기 때문에 인간의 죽음은 단지 끝이 아니며 본래 인간에게 주어진 목적이 실현되는 과정 가운데 하나다.

고린도후서 5:4에 따르면 인간의 죽음은 단지 "벗고자 함"이 아니라 오히려 "덧입고자 함"이다. 그리고 인간의 죽음은 "죽을 것이 생명에 삼킨 바 되게 하려 함"이다. 말하자면 죽음이 생명을 삼키는 것이 아니라 정반대로 생명이 죽음을 삼키는 것이다. 여기에는 인간의 죽음에 대한 성경의 독특한 이해가 담겨 있다. 죽음이 생명을 삼킨다면 인간의 삶이 마지막이고 끝이지만, 생명이 죽음을 삼키는 것이기 때문에 참된 생명과 영원한 생명이라는 목적이 실현되고 완성되는 것이다.

그러므로 인간은 자신의 죽음을 두려워하거나 무서워할 필요가 없다. 오히려 우주 만물 전체의 주님이신 삼위일체 하나님과 온전히 연합하는 상태로 영원한 삶을 누리며 살아가는 것이다. 이런 점에서 고린도후서 5:8은 "우리가 담대하여 원하는 바는 차라리 몸을 떠나 주와 함께 있는 그것이라"라고 말씀하는데, 이처럼 우리는 죽음 이후의 삶을 간절히 소원하며 소망할 수 있다.

그렇다고 현재를 도피하거나 회피하는 것은 아니다. 고린도후서 5:9-10에서는 인간이 어떻게 살아야 하는지를 정확하게 말씀한다. "그런즉 우리는 몸으로 있든지 떠나든지 주를 기쁘시게 하는 자가 되기를 힘쓰노라. 이는 우리가 다 반드시 그리스도의 심판대 앞에 나타나게 되어 각각 선악간에 그 몸으로 행한 것을 따라 받으려 함이라."

인간 삶의 핵심은 몸으로 있든지 떠나든지, 즉 살아 있든지 죽든지 주님을 기쁘시게 하고자 힘쓰는 것이다. 그러므로 현재를 도피하거나 회피하지 않고 현재의 고난과 고통으로 말미암은 어려운 삶 한가운데서도 주님을 기쁘시게 하고자 힘써야 하는 것이다. 죽음 이후 모든 것이 끝나는 것이 아니라 죽음 이후 인간 삶의 목적이 있기 때문에 현재의 삶에서도 주님을 기쁘시게 하고자 최선을 다해야 하는 것이다. 한마디로 종말이 있기 때문에 현재의 삶을 신실하고 책임 있게 살아가야 하는 것이다.

5. 참된 종말론적 삶

종말에 대한 참된 이해는 단지 지구의 종말을 외치며 이 세상으로부터 도피하거나 회피하라고 말하는 사이비(似而非) 및 이단(異端)의 왜곡된 종말론들과는 전혀 다르다. 특히 특정한 날을 지구의 끝이라고 외치는 시한부(時限附) 종말론과는 전혀 다르다. 왜곡된 종말론들은 종말을 외치며 세상의 끝만을 바라보게 하면서 현재로부터 벗어나라고 말한다. 그러나 삼위일체 하나님이 모든 시간의 주님이시며 전능자시라고 한다면 현재를 벗어나거나 도피하거나 회피하는 것은 하나님에 대한 신실하고 책임 있는 태도가 아니다.

참된 종말론은 종말을 기다리면서도 현재를 신실하게, 그리고 책임 있게 살아가도록 한다. 종교개혁자 마르틴 루터(Martin Luther, 1483-1546)가 독일 아이제나흐에서 살았던 집 앞에 세워져있는 비석에는 "내일 지구의 종말이 온다고 하더라도 나는 오늘 사과나무를 심겠다"라는 글이 적혀 있는데, 여기에는 참된 종말론의 핵심이 잘 반영되어 있다. 종말이 있다고 하더라도 지금 현재의 삶에 충실하게 살겠다는 의미가 담겨 있다.

종말과 관련된 단어 중에 "강림"(降臨)이라는 단어가 성경에 많이 나온다. 그리스어로 "파루시아"(παρουσία, parousia)이며 라틴어로는 "아드벤투스"(adventus)이고 영어로는 "커밍"(coming)으로 번역한다. 성육신으로 처음 오셨기 때문에 종말에서는 두 번째 오시는 것이다. 그런 이유에서 "재림"(再臨)이라고 하며 영어로 "세컨드-커밍"(second-coming)이라고 한다.

강림이라는 단어가 사용된 하나의 예가 야고보서 5:7-8에 나온다. "그러므로 형제들아, 주께서 강림하시기까지 길이 참으라. 보라 농부가 땅에서 나는 귀한 열매를 바라고 길이 참아 이른 비와 늦은 비를 기다리나니, 너희도 길이 참고 마음을 굳건하게 하라. 주의 강림이 가까우니라"(약 5:7-8).

그런데 어떤 이들은 강림이라는 단어, 특히 파루시아라는 단어를 들을 때에 세상의 끝날에 관한 무시무시하고 끔찍한 종말의 시나리오를 생각하며 두려움과 무서움에 빠진다. 그러나 삼위일체 하나님께서 모든 시간의 주님이시기 때문에 우리는 그러한 두려움에 사로잡힐 필요가 없다.

강림의 의미를 제대로 파악한다면 더더욱 그렇다. 파루시아는 "파라"(para)라는 말과 "우시아"(ousia)라는 말이 합쳐진 단어다. "파라"는 "옆에 함께"(with)라는 뜻이다. 흔히들 선교단체를 "파라처치"(paprachurch)라고 표현하는데 교회 옆에 함께 있는 선교기관이라는 의미다. 우시아는 존재/있음/본체/실체라는 뜻이다. 그렇기 때문에 "파루시아"는 "옆에 함께 존재함"(being present with)

을 의미한다. 즉 강림은 주님께서 우리와 함께 존재하심을 의미한다.

라틴어 "아드벤투스"(adventus)는 "아드"(ad)라는 말과 "베니오"(venio)라는 말이 합쳐진 말이다. "아드"는 "어느 쪽으로"(toward)라는 뜻이고 "베니오"는 "오다"(come)라는 뜻이다. 그러기에 아드벤투스는 어느 쪽으로 오는 것을 의미한다. 즉 강림은 주님이 우리에게로 오시는 것을 의미한다.

따라서 종말과 관련된 단어로 강림(降臨)이라는 단어를 사용할 때는 무시무시하고 끔찍한 종말의 시나리오를 생각하며 두려움과 무서움에 빠질 필요가 없다. 오히려 우리에게로 오셔서 우리와 함께 계시는 삼위일체 하나님을 맞이하는 기쁨과 기대로 살아가야 한다.

그런 이유에서 야고보서 5:7-8은 주님의 강림을 말하면서 현재 우리가 길이 참고 마음을 굳건하게 하라고 말씀한다. 농부가 귀한 열매를 바라며 길이 참으면서 농사를 열심히 짓는 것처럼 우리도 주님의 강림을 고대하면서 현재의 삶에서 오래 참고 마음을 굳건히 하여 충실하게 살아가야 하는 것이다.

사실 종말에 관한 참된 이해는 세례 요한과 예수 그리스도가 선포한 핵심적인 메시지에서부터 나타난다. 세례 요한은 유대 광야에서 "회개하라! 천국이 가까이 왔느니라"(마 3:2)라고 전파하였다. 그리고 예수 그리스도께서도 "회개하라! 천국이 가까이 왔느니라"(Repent, for the kingdom of heaven has come near)"(마 4:17)라고 전파하셨다.

이 메시지에 따르면 천국, 즉 하나님 나라가 가까이 오는 임박한 종말이 있기 때문에 현재의 삶과 세상에서 도피하고 회피하는 것이 아니라 오히려 회개의 삶을 살아야 한다. 여기서 회개(悔改, repentance)는 그리스어로 "메타노이아"(μετάνοια, metanoia)로서 현재까지의 삶의 방향을 180도 전적으로 전환하여 새로운 방향으로 살아가는 것을 의미한다. 종말이 있기 때문에 오히려 믿음 안에서 현재 전적으로 새로운 삶을 살아가야 한다.

요한계시록의 마지막 구절인 22:22에서처럼 주님

께서 "내가 진실로 속히 오리라"라고 말씀하실 때 우리는 "아멘! 주 예수여, 오시옵소서"라고 말하면서 기대하고 고대하여야 한다. 그러면서도 주님이 우리에게 오실 것이기 때문에 현재의 삶에서 전적으로 새로운 삶을 살면서 기다리며 오래 참고 마음을 굳건히 하여야 한다.

성경의 키워드로 풀어가는 신학세계
삼위일체 조직신학 개요

Copyright ⓒ 백충현 2024

1쇄 발행	2024년 2월 20일

지은이	백충현
펴낸이	김요한
펴낸곳	새물결플러스

편 집	왕희광 정인철 노재현 이형일 나유영 노동래
디자인	황진주 김은경
마케팅	박성민
총 무	김명화 이성순
영 상	최정호 곽상원
아카데미	차상희

홈페이지	www.holywaveplus.com
이메일	hwpbooks@hwpbooks.com
출판등록	2008년 8월 21일 제2008-24호
주 소	(우) 04114 서울시 마포구 신촌로28가길 29
전 화	02) 2652-3161
팩 스	02) 2652-3191

ISBN 979-11-6129-272-4 93230